Pasta

Rezeptfotos: TLC Fotostudio
Coverfoto: StockFood
Gesamtherstellung: Naumann & Göbel Verlagsgesellschaft mbH
ISBN 978-3-625-12090-2
www.naumann-goebel.de

Pasta

Die besten italienischen Klassiker

Inhalt

Waren-
kunde

Pasta: Vielfältig und beliebt

Pasta ist einfach unwiderstehlich! Als Marco Polo von seinen Reisen die köstliche Teigware mitbrachte, ahnte noch niemand, wie das die Küchen Europas revolutionieren würde. Aus dem simplen Grundteig – Mehl, Salz, Wasser, etwas Öl – hat sich seitdem eine herrliche Pasta-Vielfalt entwickelt. Für was Sie sich auch entscheiden: Pasta ist unkompliziert und schnell zubereitet. Probieren Sie es aus: Wir haben pfiffige Pasta-Variationen von deftig-rustikal bis leicht-sommerlich für Sie zusammengestellt.

kleine Nudelkunde

Kleine Nudelkunde

»Pasta« heißt Teig, und der ist von den Anfängen der Nudelgeschichte bis heute fast gleich geblieben: Die Grundzutaten waren immer Hartweizen und Wasser. Je nach Pastasorte kommen Eier, zum Aromatisieren und Färben auch Kräuter oder Gemüse dazu. Der Teig wird geknetet, heute meist industriell von großen Maschinen, gerollt, in Formen gepresst oder geschnitten und schließlich getrocknet.

Bei der Herstellung entscheidet der Ausmahlgrad des Mehls darüber, ob die Pasta hellgelb oder kräftig-braun daherkommt: Vollkornmehl sorgt für kräftigere, dunklere Pasta mit einem höheren Gehalt an Eiweiß, Vitaminen und Mineralstoffen. Aber auch Pasta aus Weißmehl ist alles andere als ein ungesunder

Dickmacher, im Gegenteil: Sie ist fettarm, enthält etwa 15 Prozent wertvolles pflanzliches Eiweiß und ihre Ballaststoffe regen die Verdauung an. Die Kohlenhydrate in der Pasta werden vom Körper langsam abgebaut – so liefert Pasta langfristige Energie für körperliche und geistige Arbeit. Nicht umsonst essen gerade Hochleistungssportler besonders viel und gezielt Pasta. 100 Gramm ungekochte Pasta hat 350 Kalorien, nach dem Kochen sind es etwa 100 bis 120 Kalorien. Als Kalorienbomben erweisen sich da also schon eher die Sahne- oder Käsesaucen.

Pasta richtig kochen

Pasta richtig kochen

Sind die Nudeln noch zu hart oder gar verkocht, können auch aufwendige Saucen sie nicht retten. Schenken Sie also der Pasta gebührende Aufmerksamkeit und garen Sie sie wie in Italien »al dente« – mit etwas Biss.

Damit Ihre Pasta garantiert gelingt, sollten Sie folgende Tipps beachten:

- Für jeweils 100 bis 125 Gramm Teigwaren (ausreichend für eine Portion) mindestens 1 Liter Wasser zum Kochen bringen.
- Da ungesalzenes Wasser schneller kocht, empfiehlt es sich, das Wasser erst zu salzen, wenn es kocht.
- Verwenden Sie einen hohen, großen Topf, damit die Nudeln während des Kochens genügend Platz haben und nicht aneinander kleben.
- Die Beigabe von (Oliven-) Öl im Kochwasser ist nicht unbedingt nötig und damit Geschmackssache. Auch Umrühren hilft gegen Verkleben der Nudeln.
- Nudeln in das kochende Wasser geben. Lange Nudeln ins Wasser stellen und nachrutschen lassen.
- Kochen Sie die Nudeln sprudelnd bei offenem Topf und vergessen Sie nicht, gelegentlich umzurühren. Zum Ende der Kochzeit sollten Sie ab und an eine Probenudel herausfischen und testen: Sie sollte zart sein, aber noch einen ganz kleinen Widerstand bieten. Da die Kochzeit je nach Größe und Dicke der Nudeln stark variiert, beachten Sie bitte grundsätzlich die angegebene Kochzeit auf der Nudelpackung. Bei selbst gemachten und frischen Nudeln ist die Garzeit erheblich kürzer als bei getrockneten.
- Wenn die Nudeln gar sind, gießen Sie sie durch ein Sieb ab. Anschließend sofort in einer vorgewärmten Schüssel mit der Sauce vermischen, damit die Pasta nicht verklebt.
- Die Pasta muss nicht vollständig abtropfen. In vielen Rezepten wird ohnehin auch ein Teil der Kochflüssigkeit verwendet und feuchte Pasta kann die Sauce besser aufnehmen.
- Wenn Sie die Pasta kalt, z.B. für einen Salat verwenden möchten, lassen Sie sie nicht einfach in einem Sieb erkalten. Schrecken Sie sie in diesem Fall kurz mit kaltem Wasser ab und geben einen Stich Butter oder etwas Öl dazu – das verhindert das Verkleben.

Nudeln selbst gemacht

Getrocknete Pasta ist einfach und schnell zubereitet. Wenn Sie sich und Ihrer Familie jedoch einmal etwas Besonderes gönnen möchten, servieren Sie selbst gemachte, frische Eiernudeln, »Pasta fatta a casa« sagt der Italiener dazu. Natürlich ist das mehr Aufwand, vor allem, wenn Sie keine Nudelmaschine besitzen, aber Sie werden mit einem unübertrefflichen Geschmackserlebnis belohnt.

Probieren Sie unser Grundrezept für vier Personen:

400 g Weizenmehl
4 Eier
1/2 Tl Salz
1 El Olivenöl

Mehl und Salz mischen, eine Mulde hineindrücken. Mit einer Gabel erst die verquirlten Eier einarbeiten, dann das Öl. Mehl gleichmäßig vom Rand her unterarbeiten.

Den Teig mindestens 10 Minuten kräftig durchkneten – erst mit der Küchenmaschine oder dem Knethaken, am Ende jedoch mit der Hand. Er sollte glänzend

und geschmeidig sein. Weiteres Wasser zugeben, wenn er zu fest ist; weiteres Mehl, wenn er noch klebt.

Anschließend den Teig zu einer Kugel formen und zugedeckt 30 Minuten ruhen lassen.

Ein Nudelbrett oder die Arbeitsfläche mit Mehl bestäuben, den Nudelteig portionsweise gleichmäßig dünn ausrollen und in die gewünschte Form schneiden. Nudeln vor dem Kochen leicht auf einem bemehlten Tuch antrocknen lassen, dann sind sie leichter zu handhaben.

Den beschriebenen Grundteig können Sie ausrädeln, in verschiedene Formen schneiden und auch als Lasagneblätter oder zum Füllen verwenden. Sie können aber auch einmal Abwechslung in das übliche Pasta-Blassgelb bringen, indem Sie bunte Nudeln herstellen. Mischen Sie einfach folgende Zutaten unter den obigen Grundteig:

Für grüne Pasta:
Eine Hand voll gewaschene, sehr fein gehackte Kräuter oder 250 g gegarter, gut ausgedrückter, sehr fein gehackter Spinat

Für gelbe Pasta:
1 Tl Safranfäden, in 1 Tl lauwarmem Wasser gequollen

Für dunkelrote Pasta:
2–3 El frisch gegarte Rote Bete, durch ein Sieb gestrichen

Für hellrote Pasta:
3 El Tomatenmark

Für orangefarbene Pasta:
einige El gegartes Paprikapüree

Für hellbraune Pasta:
25 g getrocknete Steinpilze, in einigen El heißem Wasser gequollen, sehr fein gehackt

Für schwarze Pasta:
1 Tl Tintenfischtinte

Unter Umständen müssen Sie die Mehlmenge des Grundrezepts etwas erhöhen, damit der Teig nicht klebt.

6.
13.
14.
9.
7.
4.
5.
8.
1.
15.
10.
2.
12.
11.
3.
16.

Pastasorten

Pastasorten

Wie dieses Buch zeigt, ist Pasta verblüffend vielfältig und abwechslungsreich. Genauso vielfältig und abwechslungsreich sind die vielen verschiedenen Pastasorten, die der Handel anbietet. Grundsätzlich sind die Vorlieben für bestimmte Pastaformen von Region zu Region unterschiedlich, wichtig bleibt dabei, dass man die ideale Kombination von Pasta und Sauce wählt.

Eine Grundregel lautet: je dickflüssiger und stückiger die Sauce, desto breiter sollte die Pasta sein. Eine Steigerung erfährt man bei gedrehter oder welliger Pasta, die besonders gut geeignet ist, um viel Sauce aufzunehmen.

Bei leichten Saucen eignet sich eher lange, dünne Pasta. Von dieser Regel kann allerdings selbstverständlich abgewichen werden. So gibt es optisch sehr reizvolle Pasta, und gerade das Experimentieren mit Formen und Farben macht einen großen Reiz aus.

Die bekanntesten und beliebtesten Pastasorten haben wir hier für Sie abgebildet.

1. Fusilli
2. Lasagne
3. Linguine
4. Maccheroni (Makkaroni)
5. Orecchiette
6. Pappardelle
7. Penne
8. Penne rigate
9. Ravioli
10. Rigatoni
11. Spaghetti
12. Spaghettini
13. Tagliatelle
14. Tortellini
15. Tortelloni
16. Vermicelli

Der Name und seine Bedeutung

Der Name der Pasta lässt oft schon Rückschlüsse auf ihre Beschaffenheit zu. Betrachten wir hierzu einmal die Endungen der Namen:

- -ine oder –ini bedeutet „klein“ und weist somit auf eine kleine bzw. feine Pastaform hin, wie z.B. Spaghettini, Tortellini, Linguine
- -oni bedeutet „groß“ und bezeichnet somit eine große bzw. dicke Pastaform, wie z.B. Tortelloni, Rigatoni, Makkaroni
- -elle weist auf breite Pasta hin, wie z.B. Tagliatelle
- -ette wiederum weist schmale Pasta aus
- -rigate weisen auf geriffelte Pasta hin, wie z.B. Penne rigate

Abkürzungen

Abkürzungen

El	Esslöffel
Tl	Teelöffel
l	Liter
ml	Milliliter
TK	Tiefkühlkost
kg	Kilogramm
g	Gramm
Msp.	Messerspitze
kJ	Kilojoule
kcal	Kilokalorie
°C	Grad Celsius

Klassiker

für 4 Portionen
50 g durchwachsener Speck
100 g gekochter Schinken
1 Knoblauchzehe
2 El Butter
400 g Spaghetti
Salz
40 g Parmesan
40 g Pecorino
3 Eier
100 ml Sahne
Pfeffer

Spaghetti Carbonara

Speck und Schinken in kleine Würfel schneiden. Den Knoblauch schälen und fein hacken. Die Butter in einer Pfanne erhitzen und den Speck darin schmoren. Knoblauch zugeben und etwa 3 Minuten mitschmoren.

Die Spaghetti in kochendem Salzwasser bissfest garen, abgießen und abtropfen lassen. Die Nudeln zum Speck in die Pfanne geben und alles gut verrühren.

Parmesan und Pecorino fein reiben. Die Eier mit der Sahne und der Hälfte der beiden Käsesorten verquirlen und mit Salz und Pfeffer würzen. Den gekochten Schinken unterheben. Diese Mischung zu den Spaghetti geben und alles gut verrühren, bis die Eier zu stocken beginnen. Den restlichen Käse unter die Spaghetti heben und sofort servieren.

Zubereitungszeit: ca. 20 Minuten (plus Garzeit) – pro Portion ca. 703 kcal/2951 kJ

für 4 Portionen
300 g Weizenmehl
Salz
5 Eier
50 g Truthahn- oder Hühnerbrust
100 g Schweinefilet
1 El Butter
100 g Parmaschinken
100 g Mortadella
200 g Parmesan
Pfeffer
Muskat
2 l Fleischbrühe

Tortellini mit Fleischfüllung

Aus Mehl, einer Prise Salz und 3 Eiern einen glatten Nudelteig zubereiten und mit einem feuchten Tuch zugedeckt 30 Minuten ruhen lassen.

Für die Füllung Geflügelbrust und Filet in kleine Würfel schneiden und in der Butter 10 Minuten goldbraun braten. Das Fleisch abkühlen lassen und anschließend mit dem Schinken und der Mortadella in der Küchenmaschine fein zerkleinern. Mit 2 Eiern, 150 g Parmesan, Salz, frisch geriebenem Pfeffer und Muskat zu einer glatten Paste verarbeiten. Einige Stunden, möglichst über Nacht, durchziehen lassen.

Den Teig mit einem Nudelholz messerrückendick ausrollen. Mit einem Glas (4 cm Ø) oder mit einem Teigrad Kreise ausstechen oder Quadrate schneiden. In die Mitte je ein nussgroßes Kügelchen der Füllung setzen und die Teigtaschen halbmondartig oder zu Dreiecken zusammenfalten. Die Ränder fest zusammendrücken. Um den Zeigefinger wickeln und die beiden Enden so aufeinanderdrücken, dass ein Teigring entsteht.

In einem breiten hohen Topf die Fleischbrühe zum Kochen bringen, eventuell salzen und die Tortellini portionsweise hineingeben. Etwa 5 Minuten bissfest kochen. In der Brühe servieren und mit Parmesan bestreut auftragen.

Zubereitungszeit: 30 Minuten – pro Portion ca. 738 kcal/3100 kJ

für 4 Portionen
400 g Spaghetti
Salz
500 g Tomaten oder geschälte Tomaten aus der Dose
3 gelbe Paprikaschoten
2 El Olivenöl
4 fein gehackte Knoblauchzehen
1 Prise gerebelter Oregano
1 Prise Chilipulver
1 Frühlingszwiebel
150 g Gorgonzola
80 g frisch geriebener Parmesan

Spaghetti mit Paprika und Gorgonzola

Für die Spaghetti reichlich Salzwasser zum Kochen bringen. Frische Tomaten kreuzweise einritzen, Strunk entfernen, überbrühen häuten, entkernen und das Fruchtfleisch in Stücke schneiden. Die Paprika in Streifen schneiden.

Olivenöl in einer großen Pfanne erhitzen, Knoblauch darin kurz anbraten. Paprikastreifen zufügen, unter Rühren 5 Minuten braten und salzen. Spaghetti in kochendem Salzwasser nach Packungsanweisung bissfest garen.

Tomatenstücke zu den Paprikastreifen geben und mit Oregano und Chili würzen. Die Sauce 8–10 Minuten einkochen, ab und zu umrühren und mit Salz würzen. Frühlingszwiebel putzen, waschen und in Ringe schneiden.

In einer vorgewärmten Schüssel die abgetropften, heißen Spaghetti mit dem zerbröselten Gorgonzola vermischen. Die Paprika-Tomaten-Sauce dazugeben, alles gut vermischen und mit der Frühlingszwiebel garnieren. Zuletzt den Parmesan darüberstreuen.

Zubereitungszeit: ca. 30 Minuten – pro Portion ca.643 kcal/2701 kJ

für 4 Portionen
400 g Spaghetti
Salz
5 Knoblauchzehen
1 Bund glatte Petersilie
1/2 frische Chilischote
60 ml extra natives Olivenöl
Pfeffer
1 getrocknete Chili

Knoblauch

Spaghetti aglio olio

Die Spaghetti nach Packungsanweisung in Salzwasser bissfest kochen.

Den Knoblauch schälen und in dünne Scheiben schneiden. Die Petersilie waschen, trocknen und fein hacken, 1 El Petersilie beiseitestellen. Die Chili waschen, entkernen und in kleine Würfel oder feine Streifen schneiden.

Das Öl in einer Pfanne langsam erhitzen und die Peperoni darin 2 Minuten anbraten. Den Knoblauch hinzufügen und ca. 1 Minute mitbraten. Den Knoblauch aber nicht bräunen, sonst wird er bitter. Die Chili zerbröseln und hinzufügen.

Die Spaghetti in einem Sieb abtropfen lassen und mit der Petersilie zu den anderen Zutaten geben. Alles gut vermengen, mit Salz und Pfeffer würzen und mit der restlichen Petersilie garnieren.

Zubereitungszeit: ca. 20 Minuten – pro Portion ca. 493 kcal/2070 kJ

für 4 Portionen
400 g Mehl
5 Eier, Salz
40 g Butter
400 g Champignons
1 fein gehackte Knoblauchzehe
100 g fein gewürfelte Zwiebel
100 ml Weißwein
4 El gehackte Petersilie
2 El gehackter Thymian
Pfeffer, 100 g Ricotta
40 g Parmesan, gerieben
300 g Tomaten
4 El Olivenöl
2 El Schnittlauchröllchen
Mehl für die Arbeitsfläche

Ricotta

Pilz-Ricotta-Ravioli

Mehl, 4 Eier, 1 Tl Salz und 1–2 El Wasser zu einem glatten Teig verarbeiten. 30 Minuten kühl stellen. Butter in einer Pfanne erhitzen. Pilze darin 3 Minuten braten. Knoblauch- und Zwiebelwürfel zugeben und 2–3 Minuten mitanschwitzen. Mit Wein ablöschen. Kräuter zugeben, 3 Minuten einkochen lassen, mit Salz und Pfeffer würzen und abkühlen lassen. Letztes Ei trennen und abgekühlte Pilzmasse mit Ricotta, 20 g Parmesan und Eigelb mischen.

Den Teig auf einer bemehlten Fläche zu zwei je 2 mm dünnen Platten ausrollen, diese der Länge nach in je zwei 10 cm breite Streifen schneiden. Zwei der Streifen in Abständen von 3 cm mit der Füllung belegen. Eiweiß mit 2 El Wasser verquirlen und auf den freien Zwischenflächen verstreichen. Die übrigen Teigstreifen auf die ersten beiden legen, um die Füllung herum leicht andrücken und entlang den Zwischenräumen mit einem Teigrad schneiden. Auf ein bemehltes Brett legen.

Die Ravioli in Salzwasser 6–8 Minuten bissfest kochen, abgießen und kalt abschrecken. Die Tomaten kreuzweise einritzen, überbrühen, häuten, entkernen und in grobe Würfel schneiden. Das Olivenöl erhitzen, die Ravioli kurz anbraten und die Tomaten dazugeben, 1 Minute weiterbraten, salzen und pfeffern. Den restlichen Parmesan darüberstreuen und mit Schnittlauch bestreut servieren.

Zubereitungszeit: ca. 35 Minuten (plus Ruhe- und Kochzeit) – pro Portion ca. 714 kcal/2999 kJ

für 4 Portionen
400 g Spaghetti
Salz
1 Zwiebel
1 El Butter oder Margarine
1 El Mehl
375 ml Milch
50 g Gruyère
50 g Gouda
50 g Parmesan
Pfeffer aus der Mühle
frisch geriebene Muskatnuss
50 g Pinienkerne
1 El Thymianblätter

Käsesauce

Spaghetti mit Käsesauce

Die Spaghetti in reichlich Salzwasser nach Packungsanweisung kochen, abgießen und gut abtropfen lassen.

Die Zwiebel schälen und in sehr feine Würfel schneiden. Die Butter oder Margarine in einem Topf erhitzen und die Zwiebelwürfel darin glasig dünsten. Mit Mehl bestäuben und anschwitzen lassen. Die Milch dazugießen und gut verrühren. 5 Minuten bei schwacher Hitze kochen lassen, dabei mehrmals umrühren.

Gruyère, Gouda und 40 g Parmesan fein raspeln, in die Sauce geben und bei milder Hitze unter ständigem Rühren schmelzen lassen. Mit Salz, Pfeffer und Muskat kräftig würzen.

Die Pinienkerne in einer Pfanne ohne Fett leicht anrösten. Die Spaghetti mit der Käsesauce mischen und anrichten. Mit Pinienkernen, restlichem gehobelten Parmesan und den Thymianblättchen bestreuen.

Zubereitungszeit: ca. 30 Minuten – pro Portion ca. 695 kcal/2913 kJ

für 4 Portionen
1 Bund Brunnenkresse
40 g Pinienkerne
50 g Parmesan
Pfeffer
8 El Olivenöl
400 g Spaghetti
Salz

Kresse

Spaghetti mit Brunnenkresse-Pesto

Kresse waschen und trocknen. Die Blätter von den Stielen zupfen und zusammen mit den Pinienkernen sehr fein hacken. Parmesan fein reiben. Die Kressemischung mit Pfeffer und 30 g geriebenem Parmesan verrühren. Das Öl nach und nach in die Mischung rühren, bis sie dickflüssig ist.

Die Spaghetti nach Packungsanweisung kochen, abgießen und abtropfen lassen. Portionsweise auf tiefe Teller verteilen und auf jede Portion gut 1 El Pesto geben. Nach Belieben mit dem restlichen Parmesan bestreuen und servieren.

Zubereitungszeit: ca. ca. 35 Minuten – pro Portion ca. 659 kcal/2755 kJ

Petersilie und Basilikum waschen, trockenschütteln, die Blättchen von den Stielen zupfen und fein hacken. Kräuter, geschälte Knoblauchzehen und Mandeln im Mixer hacken. Pecorino, Öl und zerbröselte Chili zufügen, kurz durchmixen. Brühe hinzufügen und abschmecken.

Nudeln in gesalzenem Wasser nach Packungsanweisung kochen. Abgießen, dabei ca. 100 ml Nudelwasser auffangen. Pesto unter die Nudeln mischen. Eventuell etwas Nudelwasser unterrühren.

Zubereitungszeit: ca. 30 Minuten – pro Portion ca. 458 kcal/1924 kJ

Petersilie

Tagliatelle mit Petersilien-Mandel-Pesto

für 4 Portionen

1 Bund Petersilie
1 Bund Basilikum
2 Knoblauchzehen
50 g gehackte Mandeln
2 El geriebener Pecorino
2 El Öl
1/2 getrocknete Chili
125 ml Brühe
Salz
400 g Tagliatelle

für 4 Portionen
150 g Gorgonzola
250 ml Sahne
Salz
Pfeffer
Zucker
150 g Scheiben Parmaschinken
400 g Makkaroni
1 Bund Petersilie

Makkaroni in Gorgonzola-sauce

Die Rinde des Gorgonzola entfernen, Käse würfeln und die Würfel bei schwacher Hitze in einem weiten Topf schmelzen lassen. Anschließend die Sahne einrühren, mit Salz, Pfeffer und Zucker würzen und ca. 3 bis 5 Minuten unter Rühren einkochen lassen.

Parmaschinken halbieren und in der Käsesauce erwärmen. Die Makkaroni nach Packungsanweisung garen. Die Petersilie waschen, trocknen und fein hacken. Makkaroni mit der Gorgonzola-Sauce anrichten und mit der Petersilie bestreut servieren.

Zubereitungszeit: ca. 25 Minuten – pro Portion ca. 905 kcal/3801 kJ

für 4 Portionen

1 El Pinienkerne
1 1/2 Bund Basilikum
1 Knoblauchzehe
Salz
3 El geriebener Parmesan
60 ml Olivenöl
Pfeffer
500 g Spaghetti

Spaghetti mit Pesto

Pinienkerne in einer Pfanne ohne Fett anrösten. Basilikumblätter abzupfen, waschen und trocknen. Knoblauch schälen und alles grob hacken.

Basilikum, Knoblauch, Salz und Pinienkerne im Mixer zu einer Paste verarbeiten. Parmesan und Olivenöl dazurühren, mit Pfeffer würzen.

Die Spaghetti in reichlich Salzwasser nach Packungsanweisung bissfest garen. Mit dem Pesto vermischen und servieren.

Zubereitungszeit: ca. 30 Minuten – pro Portion ca. 518 kcal/2176 kJ

Die Tomaten in etwas Salzwasser ca. 5 Minuten kochen. Herausnehmen, abtropfen lassen und 150 ml Kochwasser beiseitestellen. Mandeln und Pinienkerne in einer Pfanne ohne Fett goldbraun rösten. Mit Tomaten und Parmesan im Mixer fein pürieren, das Tomatenwasser nach und nach dazugießen.

Die Petersilie und das Basilikum waschen, trocknen, fein hacken und unter das Pesto mischen. Mit Salz, Pfeffer, Zucker und Balsamico abschmecken.

Die Spaghetti bissfest garen. Abgießen, mit kaltem Wasser abschrecken und abtropfen lassen. Die Nudeln mit dem Pesto mischen, anrichten und servieren.

Zubereitungszeit: ca. 25 Minuten – pro Portion ca. 605 kcal/2541 kJ

Spaghetti mit Tomatenpesto

für 4 Portionen
100 g getrocknete Tomaten
Salz
50 g Mandeln
60 g Pinienkerne
80 g geriebener Parmesan
1/2 Bund Petersilie
1 Bund Basilikum
Pfeffer
Zucker
1–2 El Balsamico
400 g Spaghetti

für 4 Portionen
12 kleine Artischocken
2 El Zitronensaft
Salz
600 g Tomaten
3 Zwiebeln
1 Knoblauchzehe
2 Möhren
2 Stangen Staudensellerie
2 El Olivenöl
125 ml Gemüsebrühe
Pfeffer
400 g Makkaroni
Thymian zum Garnieren

Artischocken

Makkaroni mit Artischocken

Die Stiele der Artischocken abschneiden, die kleinen, harten Blätter entfernen und die Spitzen der äußeren Blätter mit einer Schere abschneiden. Das Heu entfernen und die Artischocken mit 1 El Zitronensaft sofort in kaltes Wasser legen. Wenn alle Artischocken küchenfertig sind, aus dem Zitronenwasser nehmen und abtropfen lassen. Die Artischocken in einen großen Topf mit Wasser geben. Den restlichen Zitronensaft hinzufügen und salzen. Die Artischocken zugedeckt ca. 15 Minuten kochen lassen. Danach vierteln.

Die Tomaten waschen, kreuzweise einritzen, Stielansätze entfernen, überbrühen, häuten, entkernen und das Fruchtfleisch fein würfeln. Zwiebeln, Knoblauchzehe und Möhren schälen und in feine Würfel schneiden. Den Staudensellerie putzen, waschen, trocknen und ebenfalls fein würfeln.

Das Öl erhitzen, die Zwiebel-, Knoblauch-, Möhren- und Selleriewürfel darin unter Rühren ca. 3–5 Minuten anschwitzen. Die Tomatenwürfel und die Brühe dazugeben, mit Salz und Pfeffer abschmecken und zugedeckt ca. 10 Minuten köcheln lassen.

Die Makkaroni in ausreichend kochendem Salzwasser bissfest garen. Abgießen, abschrecken und gut abtropfen lassen. Die Nudeln mit den Artischocken und der Sauce anrichten und mit Thymian garniert servieren.

Zubereitungszeit: ca. 10 Minuten – pro Portion ca. 342 kcal/1436 kJ

für 4 Portionen
1 unbehandelte Zitrone
4–6 Salbeiblätter
6 El Olivenöl
2 El Mehl
250 ml Milch
250 ml Gemüsebrühe
400 g Bandnudeln
Salz
125 ml Sahne
2 Eigelb
Pfeffer
Zitronenscheiben zum Garnieren
Salbeiblätter zum Garnieren

Zitronen

Bandnudeln mit Zitronensauce

Zitrone heiß abspülen. Zitronenschale mit dem Zestenreißer abziehen oder dünn abschälen und in Streifen schneiden. Zitrone auspressen.

Salbeiblätter waschen, trocknen und in feine Streifen schneiden. Im heißen Öl 2–3 Minuten frittieren. Mit der Schaumkelle herausnehmen. Mehl in dem Öl andünsten, unter Rühren 4 El Zitronensaft, die Hälfte der Zitronenschale, Milch und Brühe zugießen. Die Sauce unter Rühren 10 Minuten köcheln lassen.

Nudeln nach Packungsanweisung in kochendem Salzwasser garen. Sahne mit Eigelb verquirlen, in die heiße Sauce rühren und nicht mehr kochen lassen. Die Sauce mit Salz und Pfeffer abschmecken.

Nudeln abgießen und mit der Sauce anrichten. Mit Zitronenscheiben, Salbeistreifen und -blättern garniert servieren.

Zubereitungszeit: ca. 25 Minuten – pro Portion ca. 696 kcal/2909 kJ

für 4 Portionen
300 g frischer Spinat
3 rote Chili
4 Knoblauchzehen
400 g Spaghettini
Salz
150 ml Olivenöl
50 g Sesamsamen
Pfeffer

Spinat-Spaghettini

Den Spinat putzen, waschen und trocknen. Die Chili putzen, waschen, halbieren und entkernen. Die Schoten in kleine Würfel schneiden. Die Knoblauchzehen schälen und fein hacken.

Die Spaghettini nach Packungsanweisung in kochendem Salzwasser bissfest garen.

Das Öl in einer Pfanne erhitzen und die Chiliwürfel darin anbraten. Die Knoblauchwürfel dazugeben und unter Rühren glasig anschwitzen. Den Sesam dazugeben und unter Rühren ca. 2 Minuten braten. Den Spinat hineingeben und zusammenfallen lassen.

Die Nudeln abgießen, mit kaltem Wasser abschrecken und gut abtropfen lassen. In der Spinatmischung wenden und mit Salz und Pfeffer abschmecken. Anrichten und servieren.

Zubereitungszeit: ca. 25 Minuten – pro Portion ca. 373 kcal/1564 kJ

für 4 Portionen
500 g Champignons
2 Knoblauchzehen
1 Zwiebel
Salz
400 g Bandnudeln
2 El Butter
2 Tl rosenscharfes Paprikapulver
250 ml Gemüsebrühe
125 g Schmand
Pfeffer
2 El Zitronensaft
1 Bund Petersilie

Pilze

Bandnudeln Funghi

Die Pilze putzen und in Scheiben schneiden. Knoblauch und Zwiebel schälen und fein würfeln. In einem großen Topf etwa 3 l Wasser mit 1 Prise Salz aufkochen und die Nudeln darin nach Packungsanweisung bissfest garen.

In einer großen Pfanne die Butter schmelzen und die Zwiebelwürfel darin glasig dünsten. Knoblauchwürfel dazugeben. Anschließend die Pilze hinzufügen und bei mittlerer Hitze etwa 5 Minuten braten. Mit Paprika würzen. Gemüsebrühe angießen und bei starker Hitze um die Hälfte reduzieren lassen. Mit Schmand verfeinern und mit Salz, Pfeffer und Zitronensaft abschmecken.

Die Petersilie putzen, waschen, trocknen und fein hacken. Die Hälfte davon unter die Pilzsauce rühren. Die Bandnudeln abgießen, abtropfen lassen und auf vorgewärmten Tellern anrichten. Die Sauce darübergeben und alles mit Petersilie bestreut servieren.

Zubereitungszeit: ca. 30 Minuten – pro Portion ca. 475 kcal /1995 kJ

für 4 Portionen
400 g Spaghetti
Salz
1–1,5 kg reife Fleischtomaten
2 Schalotten
1 kleines Stück Chili
Pfeffer
6 El Olivenöl
12 frische Basilikumblätter
200 g Mozzarella

Spaghetti al pomodoro

Die Spaghetti in Salzwasser nach Packungsanweisung bissfest garen. Die Tomaten kreuzweise einritzen, Strunk entfernen, mit kochendem Wasser überbrühen, häuten, entkernen und das Fruchtfleisch in Würfel schneiden.

Die Schalotten schälen und würfeln, die Chili entkernen und in feine Streifen schneiden. Alles miteinander vermischen, mit Salz und Pfeffer würzen und das Olivenöl hinzugeben. Die Basilikumblätter waschen, trocknen und in Streifen schneiden. Alles zu den Tomaten geben.

Den Mozzarella in 2 cm große Würfel schneiden. Die Spaghetti abgießen und gut abtropfen lassen. In einen Kochtopf geben. Mit den Tomaten und den Mozzarellawürfeln vermischen. Bei leichter Hitze unter Wenden 2–3 Minuten erhitzen, bis der Mozzarella zu schmelzen beginnt.

Zubereitungszeit: ca. 30 Minuten – pro Portion ca. 553 kcal/2323 kJ

für 4 Portionen
2 Zwiebeln
100 g durchwachsener Speck
500 g frische Pfifferlinge
400 g Makkaroni
Salz
2 El Öl
25 g Butter
150 g Crème fraîche
Pfeffer
1 Bund Schnittlauch
2 El Majoranblätter

Makkaroni mit Pfifferlingsauce

Die Zwiebeln schälen und fein würfeln. Den Speck in schmale Streifen schneiden. Die Pfifferlinge putzen und, wenn nötig, kurz in stehendem Wasser waschen: Sie sollen sich aber nicht mit Wasser vollsaugen. Die größeren Pilze halbieren. Die Makkaroni in Salzwasser nach Packungsanweisung kochen, in ein Sieb geben und abtropfen lassen.

Das Öl in einer Pfanne erhitzen und die Speckstreifen darin kross ausbraten. Anschließend mit einer Schaumkelle herausnehmen. Die Butter im Bratfett zerlassen. Zwiebelwürfel und Pfifferlinge darin unter Rühren so lange braten, bis die Flüssigkeit vollständig verdampft ist.

Die Crème fraîche und den gebratenen Speck zu den Pfifferlingen geben und erwärmen. Mit Salz und Pfeffer würzen. Den Schnittlauch waschen, trocknen und in feine Röllchen schneiden, die Majoranblätter hacken. Schnittlauchröllchen und 1 El gehackten Majoran unter die Pilze rühren. Die abgetropften Nudeln unterheben und das Ganze mit 1 El Majoran bestreuen.

Zubereitungszeit: ca. 30 Minuten – pro Portion ca. 590 kcal/2478 kJ

für 4 Portionen

400 g breite Bandnudeln
Salz
100 g Parmesan
150 g Butter

Pasta mit Parmesan und brauner Butter

Die Teller vorwärmen. Die Nudeln nach Packungsanweisung in reichlich Salzwasser kochen.

Den Parmesan reiben. Die Butter in einer Pfanne zerlassen und hellbraun werden lassen.

Die Bandnudeln in einem Sieb abtropfen lassen und mit der heißen Butter mischen. Sofort auf den heißen Tellern anrichten und mit dem Parmesan bestreuen.

Zubereitungszeit: ca. 20 Minuten · pro Portion ca. 828 kcal/3466 kJ

Die Nudeln nach Packungsanweisung in Salzwasser bissfest garen. Aufgetaute Erbsen 2 Minuten vor Ende der Garzeit zugeben. Petersilie waschen, trocknen und klein hacken.

Für die Sauce Tomatenmark mit Ketchup, Knoblauch, Kapern und Olivenöl pürieren. Mit Salz und 1 Prise Zucker würzen. Chili entkernen, fein hacken und unter das Pesto rühren.

Die Nudeln und Erbsen durch ein Sieb gießen und mit dem Pesto, den Oliven und der gehackten Petersilie vermengen. Parmesan darüberhobeln und servieren.

Zubereitungszeit: ca. 20 Minuten – pro Portion ca. 510 kcal/2142 kJ

Chili

Penne all'arrabbiata

für 4 Portionen

400 g Penne
Salz
300 g Erbsen (TK)
1 Bund Petersilie
30 g Tomatenmark
1 El Ketchup
1 Knoblauchzehe
1–2 Tl Kapern
2 El Olivenöl
Zucker
1 rote Chili
80 g schwarze Oliven
40 g Parmesan

für 4 Portionen
1 Zwiebel, 1 Knoblauchzehe
75 g durchwachsener Speck
1 Möhre
1/2 Stange Staudensellerie
2 El Olivenöl
400 g gemischtes Hackfleisch
100 ml Rotwein
Salz, Pfeffer
100 ml Milch
1 Tl frisch gehackter Oregano
1 Dose Pizzatomaten (400 g)
1 El Zucker
400 g Spaghetti
50 g geriebener Parmesan
Thymian zum Garnieren

Hackfleisch

Spaghetti Bolognese

Zwiebel und Knoblauch schälen und hacken. Den Speck würfeln. Die Möhre schälen, Staudensellerie putzen und beides würfeln. Speck im heißen Öl auslassen. Erst das Gemüse, dann das Hackfleisch zugeben und unter Rühren gut anbraten.

Rotwein angießen und die Mischung köcheln lassen, bis die Flüssigkeit verkocht ist. Mit Salz und Pfeffer würzen. Milch unterrühren und die Sauce sämig einkochen. Oregano, Tomaten und Zucker in die Sauce rühren und etwa 30 Minuten bei geringer Temperatur sanft kochen lassen.

Die Spaghetti nach Packungsanweisung bissfest garen. Abgießen und abtropfen lassen. Auf Teller geben, die Sauce darüber verteilen, mit Parmesan bestreuen und mit Thymian garniert servieren.

Zubereitungszeit: ca. 30 Minuten (plus Schmor- und Kochzeit) – pro Portion ca. 733 kcal/3079 kJ

für 4 Portionen
350 g Tortellini
Salz
1 Zwiebel
4 Blättchen Salbei
je 50 g Mozzarella, Gorgonzola, Brie und Gouda
2 El Butter
100 ml Sahne
Pfeffer
150 g Cherrytomaten

Tortellini mit Käsesauce

Die Nudeln nach Packungsanweisung in Salzwasser bissfest garen. Anschließend in einem Sieb abgießen und abtropfen lassen. Die Zwiebel schälen und fein hacken. Salbei waschen, trocknen und in feine Streifen schneiden. Käse in grobe Stückchen zerteilen.

1 El Butter in einem großen Topf zerlassen und die Zwiebelwürfel darin glasig anschwitzen. Die Sahne angießen. Den Käse zugeben und unter ständigem Rühren bei schwacher Hitze langsam schmelzen lassen. Die Sauce mit Salz und Pfeffer abschmecken.

Die Tomaten waschen, trocknen und halbieren. In einer Pfanne die restliche Butter schmelzen. Die Tomaten und den Salbei kurz darin dünsten und mit Salz und Pfeffer würzen.

Die Nudeln auf vorgewärmten Tellern anrichten, Sauce darübergießen, die Tomaten daraufgeben und servieren.

Zubereitungszeit: ca. 30 Minuten – pro Portion ca. 320 kcal/1344 kJ

Pasta mit Fisch

für 4 Portionen
16 frische Scampi oder Garnelen
10 Pfefferkörner
1 Möhre
1 Selleriestange
1 kleine Zwiebel, Salz
100 g Rotbarbenfilet
2 Stängel Petersilie
5 El Olivenöl
1 Knoblauchzehe
2 El gehackte Petersilie
weißer Pfeffer
400 g Penne
2 große Blätter Sauerampfer
30 g Butter

Scampi

Penne mit Scampi

Die Scampi oder Garnelen gründlich waschen, vorsichtig aus den Schalen lösen und den Darm entfernen. Die ausgelösten Schalen mit den Gewürzen, dem geputzten, klein geschnittenen Gemüse und 1 Prise Salz vermischen, mit Wasser bedecken und 15 Minuten kochen lassen. Die Brühe durch ein feines Sieb gießen.

Die Brühe erneut zum Kochen bringen und das Rotbarbenfilet mit der Petersilie darin 3 Minuten ziehen lassen. Petersilienstängel entfernen, Brühe und Fisch im Mixer pürieren. Die Scampi in Stücke schneiden.

Das Öl in einer großen Pfanne erhitzen, die Knoblauchzehe schälen und fein hacken. Anschließend hellgelb braten, die gehackte Petersilie und die Scampi hinzufügen und kurz durchrösten. Salzen und pfeffern.

Die Nudeln nach Packungsanweisung in reichlich Salzwasser bissfest garen. Anschließend abgießen und abtropfen lassen. Etwas Nudelwasser auffangen. Die Penne in die Pfanne mit den Scampi geben. Das Fischpüree hinzufügen und, wenn nötig, mit etwas Nudelkochwasser geschmeidig machen. Bei leichter Hitze alles gründlich miteinander vermischen. Zuletzt den fein geschnittenen Sauerampfer und die Butter in Flöckchen mit dem Pastagericht vermischen. Sofort in heiße Teller füllen und auftragen.

Zubereitungszeit: ca. 40 Minuten – pro Portion ca. 565 kcal/2373 kJ

für 4 Portionen

1 El Butter
1 Zwiebel
250 ml Sahne
Salz
Pfeffer
1 Bund Kerbel
200 g Räucheraal
300 g Fusilli

Fusilli mit Räucheraal

Die Butter in einer Pfanne zerlassen, Zwiebel schälen und hacken. Zur Butter geben und glasig dünsten. Dann mit der Sahne ablöschen und bei milder Hitze 8 bis 10 Minuten sämig einkochen lassen.

Die Sauce würzen, den Kerbel waschen, trocken schütteln, die Blättchen fein hacken und unter die Sauce rühren. Den Räucheraal enthäuten, das Fleisch in Stücke teilen, ebenfalls unter die Sauce heben und alles bei kleiner Hitze warm halten.

Die Nudeln nach Packungsanweisung garen, dann abgießen und mit der Räucheraal-Sauce vermengen. Sofort servieren.

Zubereitungszeit: ca. 30 Minuten – pro Portion ca. 437 kcal/1830 kJ

Spaghetti mit Garnelen und Paprikaschoten

für 4 Portionen

250 g küchenfertige Garnelen
1 kleine Zwiebel
1/2 gelbe Paprikaschote
6 El Olivenöl
Salz
400 g Spaghetti
50 ml Weißwein
1 El gehackte Petersilie
weißer Pfeffer

Die Garnelen waschen und trocknen. Die geschälte Zwiebel in Würfel, die geputzte und gewaschene Paprikaschote in feine Streifen schneiden. 3 El Öl erhitzen, die Zwiebelwürfel darin glasig braten und die Paprikastreifen hineingeben. Salzen und bei leichter Hitze weich dünsten.

Die Nudeln nach Packungsanweisung in reichlich Salzwasser bissfest garen. Anschließend abgießen und abtropfen lassen. Etwas Nudelwasser auffangen. Das restliche Öl in einer großen Pfanne erhitzen, die Garnelen kurz darin anbraten, den Wein angießen, salzen und bei starker Hitze 3 Minuten kochen lassen. Die gedünsteten Paprikastreifen hinzufügen und kurz durchkochen lassen.

Die gekochten Spaghetti zu den Garnelen in die Pfanne geben. Die Petersilie hinzufügen und alles bei leichter Hitze gründlich miteinander vermischen. Zum Schluss mit frisch gemahlenem Pfeffer bestreuen.

Zubereitungszeit: ca. 40 Minuten – pro Portion ca. 503 kcal/2113 kJ

für 4 Portionen
100 g Rucola
50 g durchwachsener Speck
3 Sardellenfilets
400 g Cocktailtomaten
4 Schalotten
2 Knoblauchzehen
350 g Lachsfilet ohne Haut
2 El Olivenöl
Salz
300 g Linguine oder Spaghetti
Pfeffer

Nudeln mit Tomatengemüse und Lachs

Den Rucola verlesen, waschen und trocknen. Die kleinen Blättchen ganz lassen, die großen in Stücke zupfen oder grob zerkleinern. Rucola auf 4 Teller verteilen. Den Speck in kleine Würfel schneiden. Die Sardellen kalt abspülen, damit sie nicht zu salzig sind, trocken tupfen und fein hacken.

Die Tomaten waschen, trocknen und vierteln. Das innere Fruchtfleisch mit den Kernen herausschneiden und grob hacken. Den Rest der Tomaten so belassen. Die Schalotten und den Knoblauch schälen und fein würfeln. Den Fisch kalt abspülen, trocken tupfen und in 1–2 cm große Würfel schneiden.

Das Öl in einer großen Pfanne erhitzen. Den Speck darin bei mittlerer Hitze langsam knusprig braten. Die Nudeln nach Packungsanweisung al dente kochen. Schalotten und Knoblauch zum Speck geben und glasig dünsten. Die Fischwürfel zugeben und etwa 2 Minuten braten. Alles in eine große, vorgewärmte Schüssel geben.

Die Tomatenviertel mit dem gehackten Fruchtfleisch und die Sardellen in die Pfanne geben und kurz aufkochen. Zum Lachs in die Schüssel geben. Die abgetropften Nudeln mit Lachs und Tomatengemüse vermischen. Auf dem Salat anrichten, mit Pfeffer würzen und sofort servieren.

Zubereitungszeit: ca. 30 Minuten – pro Portion ca. 463 kcal/1945 kJ

für 4 Portionen

4 El Olivenöl
1 Knoblauchzehe
400 g reife Fleischtomaten
100 ml Weißwein
1 Chili, in feinen Streifen
6 frische Minzeblätter, in feinen Streifen
300 g Schwertfisch
Salz
400 g Rigatoni
60 g frisch geriebener Parmesan
einige Minzeblätter zum Garnieren

Rigatoni mit Schwertfisch

Das Öl in einer Pfanne erhitzen und die geschälte Knoblauchzehe darin goldgelb rösten. Die Tomaten häuten, entkernen, das Fruchtfleisch in Stückchen schneiden und in die Pfanne geben. Den Wein angießen und einkochen lassen. Chili und Minze dazugeben.

Den Fisch waschen, trocknen, in feine Streifen schneiden und ebenfalls hinzufügen. Bei leichter Hitze 10 Minuten schmoren. Anschließend die Knoblauchzehe entfernen.

Die Rigatoni nach Packungsanweisung garen, abgießen, zum Fisch geben. Bei leichter Hitze alles miteinander vermischen. Auf vorgewärmten Tellern mit Parmesan und Minze servieren.

Zubereitungszeit: ca. 10 Minuten – pro Portion ca. 342 kcal/1436 kJ

Die Nudeln in reichlich kochendem Salzwasser nach Packungsanweisung garen. Zwiebeln und Knoblauch schälen und fein würfeln. Chili fein hacken. Zwiebeln im heißen Öl glasig dünsten. Knoblauch und Chili dazugeben und andünsten.

Tomaten mit der Flüssigkeit zugeben und offen ca. 10 Minuten einkochen lassen. Oliven entsteinen und mit den abgetropften Kapern in die Sauce geben. Mit Salz, Pfeffer und Zucker abschmecken.

Petersilie waschen, trocknen und fein hacken. Thunfisch abtropfen lassen und grob zerteilen. Beides vor dem Servieren unter die Sauce mischen und mit den Nudeln anrichten.

Zubereitungszeit: ca. 30 Minuten – pro Portion ca. 739 kcal /3090 kJ

Penne mit Thunfisch-Sauce

für 4 Portionen

400 g Penne
Salz
2 Zwiebeln
1–2 Knoblauchzehen
2–3 getrocknete Chili
3 El Öl
1 große Dose geschälte Tomaten
50 g schwarze Oliven
50 g Kapern
Pfeffer
1 El Zucker
1 Bund glatte Petersilie
2 Dosen Thunfisch

für 4 Portionen
100 g Pinienkerne
130 ml Olivenöl
3 geschälte Knoblauchzehen
50 g Basilikumblätter
50 g geriebener Parmesan
Salz
Pfeffer
400 g Spaghetti
250 g Tomaten
400 g Katfisch-, Heilbutt- oder Schollenfilet
Basilikum zum Garnieren

Katfisch

Spaghetti mit Pesto und Fischfilet

Die Pinienkerne mit 100 ml Olivenöl, dem Knoblauch und den gewaschenen Basilikumblättern im Mixer pürieren. Den Parmesan unter das Pesto mengen und mit Salz und Pfeffer abschmecken.

Die Spaghetti nach Packungsanweisung bissfest garen. Dann abgießen, unter fließendem Wasser abschrecken, abtropfen lassen und 1 El Olivenöl unterheben.

Die Tomaten kreuzweise einritzen, mit kochendem Wasser überbrühen, häuten, entkernen und das Fruchtfleisch fein würfeln. Die Fischfilets mit Salz und Pfeffer würzen und im restlichen Olivenöl beidseitig goldbraun braten.

Die Spaghetti erhitzen, gut mit dem Pesto vermischen, auf Tellern anrichten und mit Tomatenwürfeln bestreuen. Auf jede Portion ein gebratenes Fischfilet legen. Mit Basilikum garnieren.

Zubereitungszeit: ca. 25 Minuten (plus Garzeit) – pro Portion ca. 859 kcal/3590 kJ

für 4 Portionen

8 filetierte Sardinen
1 Fenchelknolle
4 El Olivenöl
2 Knoblauchzehen, in Scheiben
1/2 rote Chilischote, gewürfelt
350 g Linguine
Salz
abgeriebene Schale von 1 unbehandelten Zitrone
1 El Zitronensaft
2 El geröstete Pinienkerne
3 El frisch gehackte Petersilie
Pfeffer

Linguine mit Sardinen

Die Sardinenfilets waschen, trocknen und grob hacken. Den Fenchel putzen, waschen und in dünne Scheiben hobeln. 2 El Olivenöl erhitzen, Knoblauch und Chiliwürfel hinzufügen und dünsten. Anschließend den Fenchel zugeben, weitere 5 Minuten dünsten und dann die Sardinen untermischen. Weitere 4 Minuten garen.

Die Nudeln nach Packungsanweisung in reichlich Salzwasser bissfest garen. Abgießen und abtropfen lassen. Zitronenschale und -saft, Pinienkerne, Petersilie, Salz und Pfeffer unter die Sardinen mischen. Mit dem restlichen Öl zur Pasta geben und vorsichtig vermengen.

Zubereitungszeit: ca. 30 Minuten (plus Garzeit) – Pro Portion ca. 458 kcal/1924 kJ

Die Nudeln nach Packungsanweisung in reichlich Salzwasser bissfest garen. Abgießen und abtropfen lassen. Den Dill waschen und trocknen, 2 Zweige grob hacken.

Die Sahne mit dem Wermut und 1 Dillzweig sämig einkochen lassen. Dillzweig entfernen und die Sauce mit Salz, Cayennepfeffer und schwarzem Pfeffer abschmecken. Den Räucherlachs in Scheiben schneiden und mit dem gehackten Dill unter die Sauce mischen. Nudeln mit Sauce mischen und servieren.

Zubereitungszeit: ca. 30 Minuten – pro Portion ca. 855 kcal/3591 kJ

Tagliatelle mit Räucherlachs

für 4 Portionen
400 g schwarze Tagliatelle
Salz
3 Zweige Dill
500 ml Sahne
4 cl Noilly Prat
Cayennepfeffer
Pfeffer
400 g Räucherlachs

für 4 Portionen
300 g Meeresfrüchte (frisch oder TK)
2 Möhren
1 Stange Lauch
1/2 Stange Staudensellerie
2 El Butter
100 ml Hummerfond (FP)
125 ml Weißwein
400 g Sepia-Pasta
Salz
125 g Crème fraîche
1 Bund Schnittlauch

Meeresfrüchte

Sepia-Pasta mit Meeres-früchten

Die tiefgekühlten Meeresfrüchte nach Packungsanweisung auftauen lassen, die frischen waschen und küchenfertig putzen. Die Möhren schälen und in feine Stifte schneiden. Den Lauch putzen, waschen, trocknen und in feine Ringe schneiden. Den Staudensellerie putzen, waschen, trocknen und in feine Stücke schneiden.

Die Butter erhitzen und das Gemüse darin unter Rühren ca. 5–8 Minuten dünsten. Das Ganze mit dem Hummerfond und dem Weißwein ablöschen und die Meeresfrüchte dazugeben. Zugedeckt ca. 10 Minuten schmoren lassen.

Ausreichend Salzwasser zum Kochen bringen und die Nudeln darin bissfest garen. Abgießen und mit kaltem Wasser abschrecken. Die Meeresfrüchte-Gemüse-Mischung mit Crème fraîche verfeinern und mit Salz würzig abschmecken.

Den Schnittlauch waschen, trocknen und in Röllchen schneiden. Die Nudeln mit der Sauce anrichten und mit Schnittlauch bestreut servieren.

Zubereitungszeit: ca. 35 Minuten (plus Ruhezeit) – pro Portion ca. 540 kcal/2268 kJ

für 4 Portionen
400 g Weizenmehl
4 Eigelb, 1 Ei
1 El Olivenöl
100 g Tintenfisch-Tinte, Salz
50 ml Noilly Prat, 50 ml Weißwein
120 ml Fischfond
einige Safranfäden
1 Tl rosa Pfeffer, 60 ml Sahne
240 g Butter, Salz
1 Msp. Curry, 2 cl Pastis
4 Steinbuttfilets
120 ml Fischfond, 1/2 Bund Estragon
1 Tl frisch gehackter Schnittlauch

Steinbuttfilet

Steinbuttfilet auf schwarzen Nudeln

Mehl, Eigelb, Ei, Öl, Tinte und 1 Prise Salz für den Teig in eine Schüssel geben und zu einem festen, aber geschmeidigen Teig verarbeiten. Einen halben Tag ruhen lassen. Mit der Nudelmaschine auf Stufe 6 ausrollen und schneiden, in kochendem Salzwasser al dente kochen, abschütten und abkühlen lassen.

Für die Sauce Noilly Prat, Weißwein und Fischfond mit den Safranfäden und rosa Pfeffer einkochen und durch ein Sieb in eine Pfanne passieren. Die Rückstände zurückbehalten.

Die Sauce aufkochen und die Sahne zufügen. Nach und nach 200 g eiskalte Butter in kleinen Würfelchen unterarbeiten. Mit Salz, Curry und Pastis abschmecken. Die Steinbuttscheiben waschen, trocken tupfen, würzen und im Fischfond ca. 5–7 Minuten pochieren.

Die Estragonblätter von den Stielen zupfen und fein hacken. Die Sauce aufkochen, die Reste der Reduktion, Estragon und Schnittlauch zufügen und würzen.

Die schwarzen Nudeln in der restlichen, heißen Butter schwenken und in der Mitte der vorgewärmten Teller anrichten. Die Steinbuttscheiben darauflegen. Die Sauce um die Nudeln und auf den Fisch gießen.

Zubereitungszeit: ca. 35 Minuten (plus Ruhe- und Garzeit) – pro Portion ca. 853 kcal/3583 kJ

für 4 Portionen

400 g küchenfertiger Tintenfisch (frisch oder TK)
3 große gelbe Paprikaschoten
200 g Tomaten
3 El gehackter Basilikum
2 Knoblauchzehen
250 g schwarze Tagliatelle
Salz
4 El Olivenöl
2 Lorbeerblätter
Pfeffer
1–2 El Zitronensaft

Sepia

Schwarze Tagliatelle mit Tintenfisch

Tiefgefrorenen Tintenfisch auftauen lassen. Den Backofen auf 250 °C (Umluft 220 °C) vorheizen. Die Paprikaschoten vierteln, waschen, trocknen und putzen. Mit der Hautseite nach oben auf ein Backblech legen. Im heißen Backofen 10 bis 15 Minuten backen, bis die Haut schwarze Blasen wirft. Schoten in einen Gefrierbeutel geben und 15 Minuten ruhen lassen.

Die Haut der Schoten abziehen und das Fruchtfleisch in Streifen schneiden. Die Tomaten kreuzweise einritzen, Strunk entfernen, mit kochendem Wasser überbrühen, häuten und entkernen. Das Tomatenfruchtfleisch in Würfel schneiden. Den Knoblauch schälen und fein hacken. Den frischen oder aufgetauten Tintenfisch waschen, trocken tupfen und in Stücke schneiden.

Die Nudeln nach Packungsanweisung bissfest garen. Anschließend abgießen und abtropfen lassen. 2 El Öl in einer großen Pfanne erhitzen. Die Tintenfischstücke, den Knoblauch und die Lorbeerblätter zugeben. Alles bei großer Hitze ca. 5 Minuten unter häufigem Wenden braten. Tomaten und Paprikastücke zugeben und kurz mitschmoren. Tintenfisch mit Salz, Pfeffer und Zitronensaft würzen, mit den Nudeln, dem restlichen Öl und dem Basilikum mischen und servieren.

Zubereitungszeit: ca. 40 Minuten (plus Ruhe- und Garzeit) – pro Portion ca. 383 kcal/1609 kJ

für 4 Portionen

200 g große Muschelnudeln
Salz
200 g Seelachsfilet
Pfeffer
1 El Zitronensaft
2 Tl Sojasauce
1 El Butter
1 El Olivenöl
1 Bund Frühlingszwiebeln, in Ringen
200 g Zuckerschoten, in Stücke geschnitten
1 Bund Rucola, grob gehackt
200 g Crème fraîche
125 g Mozzarella
2 El gehackte, gemischte Kräuter
Fett für die Form

Seelachs Gefüllte Muschelnudeln

Die Nudeln in Salzwasser garen. Seelachs waschen, trocken tupfen, in Stücke teilen und mit Salz, Pfeffer, Zitronensaft und Sojasauce einreiben. In einer Pfanne Butter und Öl erhitzen und die Fischstücke 3 bis 5 Minuten braten, dann abtropfen lassen. Den Backofen auf 200 °C (Umluft 180 °C) vorheizen. Eine Auflaufform einfetten.

Frühlingszwiebeln und Zuckerschoten im verbliebenen Bratfett 3 bis 5 Minuten dünsten, Rucola und Crème fraîche unterrühren und alles würzen. Zuletzt den Fisch unterheben. Die Masse in die Nudeln füllen und alles in die Auflaufform setzen. Mozzarella in Scheiben schneiden und darüberlegen, dann alles im Backofen ca. 15 Minuten überbacken. Mit frisch gehackten Kräutern bestreuen und servieren.

Zubereitungszeit: ca. 45 Minuten – pro Portion ca. 455 kcal/1911 kJ

Die Penne nach Packungsanweisung in kochendem Salzwasser bissfest garen. Zwiebel und Knoblauchzehen schälen und würfeln. Die Sardellenfilets klein schneiden. Das Öl erhitzen und die Zwiebel- und Knoblauchwürfel unter Rühren ca. 3–5 Minuten darin anschwitzen.

Die Sardellenfilets und die Tomaten mit der Flüssigkeit dazugeben und das Ganze mit Salz und Pfeffer würzen. Ca. 8 Minuten bei mittlerer Hitze einkochen lassen. Dabei die Tomaten zerdrücken. Die Petersilie waschen, trocken schütteln und fein hacken.

Die Oliven in Scheiben schneiden. Zur Sauce geben und erwärmen. Mit der fein gehackten Petersilie vermischen. Die Penne mit der Sauce anrichten. Mit Pecorino bestreuen und mit Basilikumblättchen garniert servieren.

Zubereitungszeit: ca. 30 Minuten – pro Portion ca. 750 kcal/3150 kJ

Sardellen

Penne mit Sardellen

für 4 Portionen
400 g Penne
Salz
1 Zwiebel
2 Knoblauchzehen
6 Sardellenfilets
2 El Olivenöl
1 Dose geschälte Tomaten
Pfeffer
1/2 Bund Petersilie
100 g schwarze Oliven ohne Stein
100 g geriebener Pecorino
Basilikumblättchen zum Garnieren

für 4 Portionen
1 Schalotte
einige Estragonblätter
je 1 Zweig Thymian und Fenchelgrün
100 ml Weißwein
einige Pfefferkörner
1 Döschen Safran
16 frische, ausgelöste Jakobsmuscheln
125 g Sahne
Salz
Pfeffer aus der Mühle
400 g grüne Nudeln
30 g Butter
1 El gehackte Petersilie

Jakobsmuscheln

Grüne Nudeln mit Jakobsmuscheln

Die Schalotte schälen und hacken, die Kräuter waschen, trocken schütteln und ebenfalls hacken. Den Wein und 250 ml Wasser mit der Schalotte und allen Kräutern und Gewürzen 10 Minuten kochen lassen. Die Muscheln in den Sud geben und 2 Minuten ziehen lassen, herausnehmen und warm stellen.

Den Kochsud durch ein Sieb geben, zurück in den Topf gießen und etwas einkochen lassen. Die Sahne hinzufügen und weiterkochen lassen, bis die Sauce eine cremige Konsistenz hat. Mit Salz und Pfeffer abschmecken.

Die Nudeln nach Packungsanweisung al dente kochen. Anschließend abgießen und abtropfen lassen. Die Butter in einer großen Pfanne erhitzen und die Nudeln darin schwenken.

Die Jakobsmuscheln in Scheiben schneiden und in der Sahnesauce kurz ziehen lassen. Die Nudeln auf vorgewärmte Teller geben und mit der Muschelsauce übergießen. Mit Petersilie bestreuen.

Zubereitungszeit: ca. 30 Minuten (plus Kochzeit) – pro Portion ca. 553 kcal/2323 kJ

für 4 Portionen

500 g gelbe Paprikaschoten
2 Knoblauchzehen
6 El Olivenöl
12 gewässerte Sardellenfilets
400 g Penne
Salz
2 El Kapern
einige frische Basilikum- und Minzeblätter
frisch gemahlener Pfeffer

Penne mit Kapern und Sardellen

Die Paprikaschoten halbieren, waschen und im heißen Backofen erhitzen, bis die Haut platzt und sich abziehen lässt. Die geschälten Paprikaschoten in feine Streifen schneiden. Die Knoblauchzehen fein hacken.

Die Hälfte des Olivenöls in einer Pfanne erhitzen und den Knoblauch, die gehackten Sardellen und die Paprikastreifen bei leichter Hitze darin weich schmoren. Die Penne nach Packungsanweisung in Salzwasser bissfest garen.

Die Kapern zu den Paprikastreifen geben. Ein paar Minuten mitschmoren lassen. Die fein gehackten Basilikum- und Minzeblätter hinzufügen und mit Salz abschmecken. Die Nudeln abgießen und gut abtropfen lassen. In die Pfanne mit dem Paprikagemüse geben.

Das restliche Öl hinzufügen, alles miteinander vermischen und bei leichter Hitze noch 1–2 Minuten erwärmen. Mit frisch gemahlenem Pfeffer bestreut servieren.

Zubereitungszeit: ca. 30 Minuten – pro Portion ca. 450 kcal/1890 kJ

für 4 Portionen
300 g Mehl
3 Eier
Salz
1 El Olivenöl
1 Bund Frühlingszwiebeln
200 g Muschelfleisch (aus dem Glas)
4 El Weißwein
Pfeffer
3 El fein gehackte Kapern
3 El Butter
1 Bund Dill

Muscheln

Ravioli mit Muschelfüllung

Aus Mehl, Eiern, Salz und etwas warmem Wasser einen geschmeidigen Teig kneten. In Frischhaltefolie gewickelt etwa 30 Minuten ruhen lassen.

Für die Füllung die Frühlingszwiebeln waschen, trocknen und in Ringe schneiden. Mit Olivenöl in einer Pfanne andünsten. Die Muscheln abtropfen lassen, in die Pfanne geben und 2 bis 3 Minuten mitdünsten. Mit dem Weißwein ablöschen und alles einkochen lassen. Mit Salz und Pfeffer würzen und 1 Ei mit Kapern unterrühren.

Den Teig dünn ausrollen und in zwei Teile teilen. Auf eine Hälfte in gleichmäßigen Abständen je 1 Tl der Füllung geben. Die andere Teighälfte darüberlegen und jeweils rund um die Füllung gut andrücken.

Die Ravioli ausradeln und in siedendem Salzwasser garen, bis sie an die Wasseroberfläche kommen. Mit einer Schöpfkelle herausnehmen und gut abtropfen lassen.

Die Butter erhitzen und die restlichen gehackten Kapern darin andünsten. Den Dill waschen, trocken schütteln und hacken. Die Ravioli in der Kapernbutter schwenken und mit dem Dill bestreut servieren.

Zubereitungszeit: ca. 45 Minuten (plus Ruhezeit) – pro Portion ca. 395 kcal/1659 kJ

für 4 Portionen

400 g Spaghetti
Salz
300 g Lachsfilet
4 Eigelb
abgeriebene Schale von 1 unbehandelten Zitrone
1 El Zitronensaft
4 El Weißwein
1 Tl Zucker
Pfeffer
120 g Butter
1 Bund Dill, gehackt

Spaghetti mit Lachs und Zitronensauce

Spaghetti in reichlich kochendem Salzwasser nach Packungsanweisung garen. Den Lachs in Streifen, dann in mundgerechte Stücke schneiden.

Eigelb mit Zitronenschale und -saft, Weißwein, Zucker, Salz und Pfeffer in einem Topf mit dem Schneebesen verrühren. Dann bei milder Hitze zu einer dicklichen Creme aufschlagen. Die eiskalte Butter in Würfel schneiden und nach und nach unter die Sauce rühren. Den Dill unterziehen, die Sauce eventuell nachwürzen.

Spaghetti abgießen und tropfnass in den Topf zurückgeben. Lachsstücke unter die Nudeln mischen und darin vorsichtig 3 Minuten schwenken. Nudeln mit der Sauce servieren.

Zubereitungszeit: ca. 20 Minuten – pro Portion ca. 210 kcal/882 kJ

Die Garnelen abspülen und gut trocken tupfen. Anschließend in der zerlassenen Krebspaste von jeder Seite ca. 1 Minute braten, dann aus der Pfanne nehmen.

Die Zwiebel schälen, in feine Würfel schneiden und im Bratfett andünsten. Mit Mehl bestäuben und kurz anschwitzen. Die Sahne und den Wein dazugießen. Alles 10 Minuten bei milder Hitze köcheln lassen. Die Muschelnudeln nach Packungsanweisung in reichlich Salzwasser bissfest garen.

Die Garnelen in die Sauce geben und 2 Minuten garen. Dill waschen, trocknen, etwas zum Garnieren beiseitelegen, den Rest hacken. Gehackten Dill mit Orangenschale und Orangensaft in die Sauce geben. Salzen und pfeffern.

Die Muschelnudeln abtropfen lassen. Mit der Orangensauce anrichten. Mit dem restlichen Dill garnieren.

Zubereitungszeit: ca. 30 Minuten – pro Portion ca. 718 kcal/3004 kJ

Garnelen

Muschelnudeln mit Garnelen in Orangensauce

für 4 Portionen

400 g küchenfertige Riesengarnelen
40 g Krebspaste
1 Zwiebel
1 El Mehl
250 ml Sahne
250 ml Weißwein
400 g Muschelnudeln
Salz
1 Bund Dill
1 El sehr fein geschnittene Schale von 1 unbehandelten Orange
125 ml Orangensaft
Pfeffer

für 4 Portionen
300 g Mehl
4 Eier
1 El Öl
Salz
1 Bund Frühlingszwiebeln
1 Stück Ingwer (ca. 3 cm)
2 Knoblauchzehen
350 g gekochte, geschälte Garnelen
1 El Sojasauce
1 rote Chili
1 rote Paprika
2 El gewürztes Sesamöl

Garnelen

Tortellini mit Garnelenfüllung

Mehl, 3 Eier, Öl und Salz zu einem geschmeidigen Teig verkneten. Den Teig in Frischhaltefolie gewickelt ca. 30 Minuten ruhen lassen.

Die Frühlingszwiebeln putzen, waschen, trocknen und in sehr feine Ringe schneiden. Die Ingwerwurzel schälen und fein reiben. Die Knoblauchzehen schälen und im Mörser mit Salz zerdrücken. Die Garnelen waschen, trocknen und fein hacken. Alles miteinander mischen, das restliche Ei zugeben und mit Salz und Sojasauce abschmecken.

Den Nudelteig auf einer bemehlten Arbeitsfläche ca. 2 mm dünn ausrollen und mit einem Teigrädchen Quadrate von ca. 5 cm Seitenlänge zuschneiden. Jeweils einen Tl der Garnelenfüllung in die Mitte setzen und die Quadrate zu Dreiecken zusammenfalten. Die Ränder fest andrücken und Tortellini daraus formen. In einem großen Topf ausreichend Salzwasser zum Kochen bringen. Die Tortellini ca. 5–8 Minuten darin kochen lassen.

Chili und Paprikaschote halbieren, putzen, waschen und entkernen. Beides fein würfeln. Das Öl in einer Pfanne erhitzen, Chili und Paprika anschwitzen, mit Salz und Pfeffer würzen. Tortellini auf Teller geben und die Gemüse-Chili-Mischung darauf verteilen.

Zubereitungszeit. ca. 50 Minuten (plus Ruhezeit) – pro Portion ca. 468 kcal/1966 kJ

für 4 Portionen

24 Flusskrebse (TK)
100 g Schalotten
35 g Butter
3 Tl Currypulver
1 El Honig
150 ml Weißwein
1 Dose geschälte Tomaten (400 g)
500 ml Sahne
Salz, Cayennepfeffer
40 g Rosinen
70 g Pinienkerne
1 El Olivenöl
400 g Penne
1 kleines Bund Basilikum

Penne mit Krebsen

Die Flusskrebse auftauen lassen. Die Schwänze mit einer leichten Drehung von den Körpern lösen. Die Schwanzschalen aufbrechen, das Fleisch am Rücken entlang einschneiden, den Darm entfernen und das Krebsfleisch kalt stellen.

Die Schalotten schälen und würfeln, mit den Krebskörpern und -schalen bei starker Hitze in der Butter anrösten. Curry zügig unterrühren. Honig, 100 ml Weißwein und Tomaten mit ihrem Saft dazugeben, 5 Minuten einkochen lassen. Mit Sahne auffüllen, mit Salz und Cayenne würzen und bei milder Hitze 10 Minuten köcheln lassen.

Die Rosinen in dem restlichen Weißwein kochen, bis die ganze Flüssigkeit verdampft ist. Die Pinienkerne im Olivenöl unter Wenden goldbraun braten. Die Penne nach Packungsanweisung in reichlich Salzwasser bissfest garen und abtropfen lassen.

Die Sauce durch ein feines Sieb passieren und die Rückstände gut ausdrücken. Die Rosinen, die Krebsschwänze und die Penne mit der Sauce mischen und erhitzen. Mit einigen Basilikumblättern und den Pinienkernen bestreuen.

Zubereitungszeit: ca. 40 Minuten (plus Garzeit) – pro Portion ca. 1151 kcal/4815 kJ

für 4 Portionen

200 g rote Paprika
1 Zwiebel
1 Knoblauchzehe
1 El Butter
75 ml Weißwein
200 ml Hummerfond
Salz
Pfeffer
Paprikapulver
2 El Crème fraîche
200 g küchenfertige Garnelen
1 El Chiliöl
300 g grüne Bandnudeln
1/2 Bund Oregano

Paprika

Bandnudeln mit Paprika-Garnelen

Die Paprika halbieren, putzen, waschen und fein würfeln. Zwiebel und Knoblauchzehe schälen und fein würfeln. Die Butter erhitzen und alles unter Rühren ca. 4 Minuten anschwitzen.

Mit Weißwein und Hummerfond ablöschen und bei milder Hitze ca. 3 Minuten schmoren. Mit Salz, Pfeffer und Paprikapulver abschmecken und mit Crème fraîche verfeinern.

Die Garnelen waschen, trocknen, mit Salz und Pfeffer würzen und im Chiliöl von allen Seiten kräftig anbraten. In die Sauce geben und ca. 3 Minuten ziehen lassen.

Die Nudeln nach Packungsanweisung in kochendem Salzwasser bissfest garen. Oregano waschen, trocknen, Blättchen abzupfen und in feine Streifen schneiden. Die Nudeln herausnehmen, abgießen und abtropfen lassen. Auf Tellern anrichten und mit der Paprika-Garnelen-Sauce begießen. Das Ganze mit dem Oregano bestreut servieren.

Zubereitungszeit: ca. 30 Minuten – pro Portion ca. 360 kcal/1512 kJ

Pasta mit Fleisch

für 4 Portionen
20 g getrocknete Morcheln
400 g Spaghettini
1 Zwiebel
Salz
4 Tomaten
4 El Butter
Pfeffer aus der Mühle
350 g Putenleber
100 ml Pilzfond
4 Scheiben Bresaola (luftgetrocknetes Rindfleisch)
70 g geriebener Parmesan
Majoran zum Garnieren

Bresaola

Spaghettini Bresaola

Die Morcheln in lauwarmem Wasser einweichen. Die Nudeln nach Packungsanweisung in leicht gesalzenem Wasser bissfest garen. Die Zwiebel schälen und in Würfel schneiden.

Die Tomaten waschen, kreuzweise einritzen, mit kochendem Wasser überbrühen, häuten und das Fruchtfleisch würfeln. Die Morcheln aus dem Wasser nehmen, gut abspülen und abtropfen lassen.

Die Butter in einer Pfanne erhitzen und die Morcheln mit den Zwiebeln und den Tomaten darin andünsten. Salzen und pfeffern.

Die Leber waschen, trocken tupfen und würfeln. Anschließend zu den Pilz-Tomaten geben und ca. 8 Minuten mitdünsten. Salzen und pfeffern.

Die Leber herausnehmen und warm stellen. Pilzfond angießen und die Sauce sämig einkochen lassen. Bresaola-Scheiben in Streifen schneiden und unter die Sauce rühren. Die Nudeln abgießen, abtropfen lassen und mit der Sauce, der Leber, dem Parmesan und dem Majoran als Garnierung servieren.

Zubereitungszeit: ca. 30 Minuten (plus Kochzeit) – pro Portion ca. 778 kcal/3268 kJ

für 4 Portionen
400 g Bandnudeln, Salz
100 g Kräuterbutter
2 Knoblauchzehen
16 Weinbergschnecken
1 El fein gehackte, glatte Petersilie
5 El Sahne, Pfeffer
2 Kaninchenkeulen, 2 El Öl
2 Rosmarinzweige
2 Kaninchenfilets
4 Kaninchennieren
2 Kaninchenlebern
100 ml Kalbsbrühe, 100 ml Sahne
50 g schwarze Olivenpaste
50 g Butter, 3 El geschlagene Sahne

Pasta mit Kaninchen

Die Nudeln in kochendem Salzwasser bissfest garen. Anschließend abgießen und abtropfen lassen. Die Kräuterbutter zerlassen, die Knoblauchzehen schälen, dazupressen und die halbierten Schnecken zufügen. Aufschäumen lassen. Nudeln und Petersilie vorsichtig unterheben. Die Sahne dazugeben und aufkochen. Mit Salz und Pfeffer abschmecken. Beiseitestellen. Den Backofen auf 200 °C vorheizen.

Die Kaninchenkeulen auslösen, entsehnen, salzen und mit Öl und frischem Rosmarin in einer Pfanne anbraten. Dann ca. 12 Minuten im Backofen garen. Die Kaninchenfilets würzen und 5 Minuten später zu den Keulen geben. 3 Minuten vor Ende der Garzeit die gewürzten und halbierten Nieren und Lebern dazugeben. Nach Ende der Garzeit 5 Minuten ruhen lassen.

Für die Sauce Kalbsbrühe mit der Sahne um die Hälfte einkochen, die Olivenpaste zufügen und glatt rühren. Die Pfanne vom Herd nehmen und die kalte Butter in Flocken unterschlagen. Vor dem Servieren die Schlagsahne unter die Sauce heben. Die Nudeln in vorgewärmten Tellern anrichten, die Schneckenbutter daraufgeben und kurz unter dem Grill gratinieren.

Das Fleisch der Kaninchenkeulen auslösen und klein schneiden. Mit den Kaninchenfilets, Nieren und Lebern auf den Nudeln anrichten. Das Fleisch mit etwas Olivensauce überziehen. Die restliche Sauce dazureichen.

Zubereitungszeit: ca. 30 Minuten (plus Garzeit) – pro Portion ca. 795 kcal/3339 kJ

für 4 Portionen
500 g Geflügelleber
300 g Champignons
2 kleine rote Chilischoten
8 große Salbeiblätter
1 unbehandelte Orange
1 Tl Zucker
140 ml Olivenöl
2 Knoblauchzehen
Salz
20 Basilikumblätter
500 g Pappardelle
1 El Aceto balsamico

Geflügelleber

Pappardelle mit Geflügelleber

Die Geflügelleber waschen, Sehnen und Bindegewebe entfernen und in mundgerechte Stücke schneiden. Die Champignons abreiben, putzen und vierteln. Die Chilischoten halbieren, entkernen und das Fruchtfleisch fein würfeln. Die Salbeiblätter waschen, trocknen und in feine Streifen schneiden.

Die Orangenschale dünn abschälen und in sehr feine Streifen schneiden. Den Zucker bei milder Hitze goldbraun schmelzen und die Orangenschale darin weich dünsten. Orangenschale, Chiliwürfel, die Hälfte des Olivenöls, Salbei, durchgepressten Knoblauch und Salz verrühren.

Die Champignons in 4 El Olivenöl bei starker Hitze ca. 1 Minute andünsten, dann salzen und mit dem Olivenölgemisch verrühren. Die Basilikumblätter waschen, trocknen und bis auf einige Blätter grob zerzupfen.

Die Nudeln nach Packungsanweisung in reichlich Salzwasser bissfest garen, abgießen und abtropfen lassen. Die Geflügelleber trocken tupfen, im restlichen Olivenöl bei starker Hitze 2 Minuten braten, salzen und mit dem Aceto balsamico ablöschen.

Die Champignonmischung, die Geflügelleber und das Basilikum locker unter die heißen Nudeln heben, eventuell mit Salz nachwürzen und mit restlichem Basilikum garnieren.

Zubereitungszeit: ca. 30 Minuten (plus Garzeit) – pro Portion ca. 902 kcal/3771 kJ

für 4 Portionen
350 g Hühnerleber
500 g Penne
1 Zwiebel
2 Knoblauchzehen
50 g Butter
2 El abgeriebene Schale von 1 unbehandelten Orange
2 Lorbeerblätter
120 ml Rotwein
2 El Tomatenmark
2 El Sahne

Hühnerleber

Penne mit Hühnerleber

Die Leber waschen. Sehnen und Bindegewebe entfernen. Jede Leber in mundgerechte Stücke teilen.

Die Penne in reichlich Salzwasser nach Packungsanweisung bissfest kochen. Abtropfen lassen und warm halten. Zwiebel und Knoblauch schälen, Zwiebel würfeln.

Die Butter in einer Pfanne zerlassen und die Zwiebel weich dünsten. Knoblauch dazupressen, Leber, Orangenschale und Lorbeerblätter zugeben und 3 Minuten unter Rühren dünsten. Die Hühnerleber aus der Pfanne heben und den Rotwein, das Tomatenmark und die Sahne unterrühren. Köcheln lassen, bis die Sauce reduziert und eindickt.

Lorbeerblätter entfernen. Dann die Hühnerleber wieder in die Pfanne geben und kurz aufwärmen. Mit Salz und Pfeffer aus der Mühle abschmecken. Die Sauce über die Pasta geben und servieren.

Zubereitungszeit: ca. 15 Minuten (plus Garzeit) – pro Portion ca. 720 kcal/3010 kJ

für 4 Portionen
1 rote und 1 grüne Paprikaschote
1 Bund Kerbel
350 g Hähnchenbrustfilet
2 El Öl
20 g Butter
125 ml Geflügelbrühe
1 Knoblauchzehe
1–2 Tl Paprikapulver
1 Tl gerebelte Kräuter der Provence
400 g Bandnudeln
Salz
50 g frisch geriebener Parmesan
Cayennepfeffer

Hähnchen

Bandnudeln mit Ragout

Die Paprikaschoten vierteln, waschen, putzen und mit der Hautseite nach oben im 200 °C heißen Backofen so lange erhitzen, bis die Haut Blasen wirft. Dann herausnehmen, abkühlen lassen, die Haut abziehen und das Fruchtfleisch sehr fein würfeln.

Den Kerbel waschen, trocknen und die Blättchen abzupfen. Das Hähnchenbrustfilet in 2 cm dicke Scheiben schneiden.

Das Hähnchenfleisch im heißen Öl von jeder Seite 2 Minuten kräftig braten, herausnehmen und warm stellen. Die Butter in der Pfanne erhitzen, die Paprikawürfel dazugeben, kurz andünsten und mit der Brühe ablöschen.

Die Knoblauchzehe schälen. Paprikapulver, durchgepressten Knoblauch und die Kräuter der Provence dazugeben und 2 Minuten offen kochen lassen.

Die Bandnudeln in reichlich Salzwasser bissfest kochen, abgießen und noch heiß mit 30 g Parmesan und dem Hähnchenfleisch unter die Sauce mischen. Mit Salz und Cayennepfeffer pikant würzen. Mit Kerbel und dem restlichen Parmesan bestreuen.

Zubereitungszeit: ca. 40 Minuten – pro Portion ca. 686 kcal/2870 kJ

für 4 Portionen
500 g Knollensellerie
Salz
3 El Zitronensaft
250 g breite Bandnudeln
100 ml Milch
100 ml Sahne
75 g Gorgonzola
frisch gemahlener Pfeffer
geriebene Muskatnuss
75 g Parmaschinken in dünnen Scheiben
100 g entsteinte schwarze Oliven

Sellerie

Bandnudeln in Sellerie-Käse-Sauce

Den Sellerie schälen, waschen und grob würfeln. Reichlich Wasser mit Salz und 2 El Zitronensaft in einem großen Topf zum Kochen bringen. Den Sellerie zugeben, aufkochen und zugedeckt bei mittlerer Hitze in etwa 10 Minuten weich kochen. Mit einer Schaumkelle herausnehmen, das Kochwasser für die Nudeln wieder auf den Herd setzen. Aufkochen und die Nudeln darin nach Packungsanweisung bissfest garen.

Sellerie mit Milch, Sahne und Gorgonzola in einem zweiten Topf unter Rühren aufkochen. Anschließend pürieren. Die Sauce erhitzen, aber nicht mehr aufkochen. Mit dem restlichen Zitronensaft, Salz, Pfeffer und Muskat würzen.

Die Nudeln abgießen, kurz abtropfen lassen und ganz heiß mit der Sauce mischen. Auf vorgewärmten Tellern verteilen. Die Schinkenscheiben in Streifen zupfen und mit den Oliven auf den Nudeln anrichten.

Zubereitungszeit: ca. 30 Minuten (plus Garzeit) – pro Portion ca. 445 kcal/1869 kJ

für 4 Portionen
200 g Salami
1 große Zwiebel
2 Knoblauchzehen
4 El Öl
100 ml trockener Weißwein
500 g reife Tomaten
1 Zweig Rosmarin
Salz
Pfeffer aus der Mühle
700 g Provolone (Hartkäse)
400 g Penne
50 g frisch geriebener Parmesan

Salami

Penne mit Salami und Käse

Gehäutete Salami und geschälte Zwiebel in Streifen schneiden, die Knoblauchzehen abziehen. Öl in einer großen Pfanne erhitzen und die Zwiebelstreifen darin glasig braten. Den Knoblauch dazupressen. Die Salamistreifen hinzufügen und kurz durchschwenken, sie sollen nicht austrocknen. Mit dem Wein aufgießen und diesen bei starker Hitze verdunsten lassen.

Die Tomaten kreuzweise einritzen, mit kochendem Wasser überbrühen, häuten, entkernen und das Fruchtfleisch in Würfel schneiden. Zu der Salami in die Pfanne geben. Den Rosmarin hinzufügen und mit Salz und Pfeffer würzen. Bei mäßiger Hitze 30 Minuten schmoren lassen. Zum Schluss den in Streifen geschnittenen Provolone an die Sauce geben, er soll schmelzen. Die Sauce nicht mehr kochen lassen.

Die Penne nach Packungsanweisung in kochendem Salzwasser bissfest garen. Abgießen, abtropfen lassen und zu der Sauce in die Pfanne geben. 1–2 Minuten alles bei leichter Hitze vermischen und mit der Hälfte des Parmesans vermischen. Den Rest dazureichen.

Zubereitungszeit: ca. 10 Minuten – pro Portion ca. 342 kcal/1436 kJ

Spinat

Ravioli mit Salbei

für 4 Portionen

Für den Nudelteig:

400 g Mehl
4 Eier
1 Tl Salz
1 El Olivenöl

Für die Füllung:

1 Zwiebel
1 Knoblauchzehe
1 El frische Rosmarinnadeln
2 El Olivenöl
300 g Rinderhackfleisch
1 Lorbeerblatt
1/2 Tl Majoran
1/2 Tl Oregano
100 ml trockener Weißwein
500 g frischer Spinat
4 Eier
50 g Paniermehl
2 El frisch geriebener Parmesan
Salz, Pfeffer, Muskatnuss
100 g Butter
2 El frische Salbeiblätter

Aus den Teigzutaten einen Nudelteig zubereiten und 20 Minuten zugedeckt ruhen lassen. Zwiebel und Knoblauch schälen, den Rosmarin waschen und alles fein hacken. In heißem Öl in einer Pfanne andünsten. Das Hackfleisch dazugeben und unter Rühren 5 Minuten schmoren. Mit den restlichen Kräutern und dem Wein 10 Minuten köcheln lassen.

Den Spinat verlesen, waschen und in einem Topf zusammenfallen lassen. In einem Sieb abtropfen lassen, fein hacken und zum Hackfleisch geben. Lorbeerblatt entfernen. Die Masse pürieren und mit Eiern, Paniermehl und Parmesan mischen. Mit Salz, Pfeffer und Muskat abschmecken.

Den Teig ausrollen. Auf eine Teigplatte in gleichmäßigen Abständen kleine Häufchen der Füllung setzen und die zweite Teigplatte darüberlegen. Die Ränder festdrücken. Mit einem Teigrädchen Ravioli ausschneiden. Ravioli in kochendem Salzwasser etwa 4 Minuten ziehen lassen, anschließend herausnehmen.

Die Butter in einer Pfanne zerlassen. Die Salbeiblätter waschen, in feine Streifen schneiden und in der Butter erhitzen. Ravioli mit Salbeibutter und Parmesan servieren.

Zubereitungszeit: ca. 40 Minuten (plus Ruhe- und Garzeit) – pro Portion ca. 868 kcal/3644 kJ

für 4 Portionen
1 Ente mit Entenklein
500 ml Rotwein
1/2 Bund Suppengrün
1 Zwiebel
einige Pfefferkörner
Salz
100 g Zucchini
100 g Möhren
2 El Olivenöl
50 g Butter
50 g schwarze, entkernte Oliven
500 g Pasta

Ente

Pasta mit Entensauce

Die Ente waschen. Für die Sauce die Brust der Ente mit einem scharfen Messer vorsichtig von den Knochen lösen und die Haut abziehen. Die Keulen abtrennen und für ein anderes Gericht verwenden. Die ausgelöste Karkasse grob zerhacken.

Das Entenklein (ohne die Lebern) und die Karkasse mit dem Rotwein und 250 ml Wasser in einen Topf geben. Das geputzte Suppengrün, die geschälte und geviertelte Zwiebel, einige Pfefferkörner und Salz hinzufügen und im offenen Topf etwa 1 Stunde kochen lassen. Die Flüssigkeit soll auf 125 ml eingekocht sein.

Geputzte Zucchini und geschälte Möhren in streichholzdünne Streifen schneiden. In kochendem Salzwasser blanchieren und auf ein Sieb geben.

Das Öl erhitzen und die Entenbrust darin unter Wenden braten, sie soll innen noch rosa sein. Salzen. Erkalten lassen und ebenfalls in feine Streifen schneiden. Die Entenbrühe durch ein Haarsieb passieren und in einen Topf geben. Die Entenlebern zerdrücken und in der Entenbrühe kurz aufkochen. Die Butter in Flöckchen hinzufügen. Die Oliven in Streifen schneiden und mit dem Entenfleisch und den Gemüsen an die Sauce geben. Kurz erhitzen.

Die Pasta in reichlich kochendem Salzwasser nach Packungsanweisung bissfest garen. Anschließend abgießen, abtropfen lassen und mit der Entensauce servieren.

Zubereitungszeit: ca. 40 Minuten (plus Garzeit) – pro Portion ca. 640 kcal/2688 kJ

für 4 Portionen
100 g Walnusskerne
750 g Lauch
500 g Rinderfilet
250 g Mascarpone
Salz
3 El Aceto balsamico
2 Eigelb
4 El Öl
weißer Pfeffer
500 g breite Bandnudeln

Bandnudeln mit Rinderfilet

Die Walnusskerne grob hacken. Den Lauch putzen und waschen, das Weiße und Hellgrüne in ca. 1/2 cm breite Ringe schneiden.

Das Rinderfilet waschen, trocknen, zuerst in 1/2 cm dicke Scheiben und dann in Streifen schneiden.

Für die Sauce den Mascarpone in einen Topf geben. Salz und Aceto balsamico mit dem Schneebesen unterrühren. Die Mischung erwärmen und das Eigelb unterschlagen, dabei die Sauce erhitzen, aber nicht kochen, damit das Eigelb nicht stockt.

Das Öl auf zwei Pfannen verteilen und erhitzen. In der einen Pfanne die Filetstreifen portionsweise 1–2 Minuten sehr heiß braten. In der anderen Pfanne den Lauch ca. 4–5 Minuten unter Wenden braten, dann die Walnüsse untermischen. Fleisch und Lauch salzen und pfeffern.

Die Bandnudeln nach Packungsanweisung in reichlich Salzwasser bissfest garen, anschließend abtropfen lassen.

Die Nudeln mit dem Lauch und den Filetstreifen mischen und die Mascarponesauce darüber verteilen.

Zubereitungszeit: ca. 30 Minuten (plus Garzeit) – pro Portion ca. 799 kcal/3341 kJ

für 4 Portionen

250 g Lammfleisch aus der Keule oder Schulter
Salz
Pfeffer
4 El Olivenöl
2 Knoblauchzehen
1 kleine rote Chili
1 Lorbeerblatt
1 rote und 1 gelbe Paprikaschote
2 El Tomatenmark
50 ml Weißwein
400 g Rigatoni

Lamm

Rigatoni mit Lammragout

Das Lammfleisch in kleine Würfel schneiden und mit Salz und Pfeffer einreiben. Das Öl in einem Topf erhitzen, die Knoblauchzehen darin anbraten und aus dem Öl nehmen. Das Fleisch hinzufügen und anbraten, bis es zu bräunen beginnt. Chili und Lorbeerblatt hinzufügen.

Die gewaschenen und entkernten Paprikaschoten in Streifen schneiden und zu dem Fleisch geben. Unter Wenden mit dem Fleisch anschmoren. Das Tomatenmark und den Wein hinzufügen. Zugedeckt bei leichter Hitze etwa 1 Stunde schmoren lassen, bis das Fleisch weich ist. Wenn nötig, mit etwas Fleischbrühe oder Wasser aufgießen. Noch einmal mit Salz und Pfeffer abschmecken und Chili und Lorbeerblatt entfernen.

Die Nudeln nach Packungsanweisung in reichlich Salzwasser bissfest kochen. Anschließend abgießen, abtropfen lassen und in eine vorgewärmte Schüssel geben. Mit dem Ragout servieren.

Zubereitungszeit: ca. 30 Minuten (plus Garzeit) – pro Portion ca. 523 kcal/2197 kJ

für 4 Portionen
250 g Rehfleisch
1 Gemüsezwiebel
1 Möhre
500 g Weißkohl
1/2 Bund Schnittlauch
1 El Butterschmalz
100 g Speckwürfel
250 ml trockener Rotwein
125 ml Wildfond (FP)
1 El Tomatenmark
1 El gerebelter Thymian
Pfeffer
1 Tl Pimentpulver, Salz
400 g Rigatoni

Reh

Wildpfanne mit Pasta

Das Fleisch waschen, trocknen und durch die grobe Scheibe des Fleischwolfs drehen. Die Zwiebel schälen und grob würfeln. Die Möhre putzen, schälen und in Scheiben schneiden. Den Weißkohl waschen, den Strunk entfernen und den Kohl in Streifen schneiden. Schnittlauch waschen, trocknen und in Röllchen schneiden.

Das Butterschmalz erhitzen und den Speck darin auslassen. Zwiebelwürfel hineingeben und glasig anschwitzen. Das Rehfleisch dazugeben und unter Rühren von allen Seiten kräftig braten. Dann die Möhrenscheiben und den Weißkohl hinzufügen und das Ganze gut vermengen.

Rotwein mit Wildfond mischen und angießen. Mit Tomatenmark, Thymian, Pfeffer, Piment und Salz abschmecken und etwa 15 Minuten bei mittlerer Hitze schmoren lassen.

Die Nudeln nach Packungsanweisung bissfest garen. Anschließend abgießen und abtropfen lassen. Die Nudeln mit dem Ragout auf vorgewärmten Tellern anrichten und mit Schnittlauch bestreut servieren.

Zubereitungszeit: ca. 25 Minuten (plus Garzeit) – pro Portion ca. 668 kcal/2804 kJ

für 4 Portionen

500 g Lammrückenfilet
3 El Öl
Salz
frisch gemahlener Pfeffer
1 Zwiebel
1 Knoblauchzehe
250 ml Gemüsebrühe
250 ml Sahne
100 g rote Linsen
2 El heller Saucenbinder
350 g grüne Bandnudeln
1 Bund Schnittlauch
1–2 Tl Zitronensaft

Lamm

Grüne Bandnudeln mit Lammgeschnetzeltem

Das Lammfilet waschen, in Streifen schneiden und im Öl anbraten. Mit Salz und Pfeffer würzen, herausnehmen. Die Zwiebel und den Knoblauch schälen und fein würfeln. Beides im Bratfett andünsten. Die Gemüsebrühe und die Sahne darin aufkochen. Die Linsen dazugeben und offen bei mittlerer Hitze 8 Minuten kochen lassen. Den Saucenbinder einrühren und die Sauce aufkochen. Die Bandnudeln bissfest kochen.

Den Schnittlauch waschen, trocknen, in feine Röllchen schneiden und mit dem Fleisch zur Sauce geben. Mit Salz, Pfeffer und Zitronensaft würzen. Mit den Nudeln servieren.

Zubereitungszeit: ca. 30 Minuten (plus Garzeit) – pro Portion ca. 900 kcal/3768 kJ

Den Speck in kleine Würfel schneiden. Zwiebel und Knoblauch schälen und fein hacken. Das Öl in einer Pfanne erhitzen und den Speck darin gut anbraten. Zwiebel und Knoblauch zugeben und 2 Minuten mitschmoren.

Fleischbrühe und Petersilie dazugeben und mit Salz und Pfeffer würzen. Die Mischung bei geringer Temperatur zur Hälfte einkochen lassen.

Die Basilikumblätter waschen, trocken schütteln und fein hacken. Nach der Reduzierung in die Sauce rühren.

Fettuccine in kochendem Salzwasser bissfest garen, abgießen, abschrecken und abtropfen lassen. Auf Teller verteilen, die Specksauce darüber geben und mit Käse bestreuen.

Zubereitungszeit: ca. 20 Minuten (plus Garzeit) – pro Portion ca. 678 kcal/2840 kJ

Fettuccine mit Speck

für 4 Portionen

100 g frischer durchwachsener Speck
1 Zwiebel
1 Knoblauchzehe
3 El Olivenöl
150 ml Fleischbrühe
1 El frisch gehackte Petersilie
Salz
Pfeffer
4 Basilikumblätter
400 g Fettuccine
100 g frisch gehobelter Pecorino

für 4 Portionen

je 1 Möhre, Lauchstange, Selleriestange und Zwiebel
2 küchenfertige Wildenten
2 El Olivenöl
500 ml trockener Weißwein
1 Dose passierte Tomaten (400 g)
250 ml Wildentenfond (FP)
1 Bouquet garni (gemischtes Kräutersträußchen)
300 g Pappardelle
etwas Pfeilwurzelmehl zum Binden
1 Tl Fenchelsamen
2 El frisch geriebener Parmesan

Pappardelle mit Wildente

Möhre, Lauch, Sellerie und Zwiebel putzen bzw. schälen und in kleine Würfel schneiden. Die gewaschenen und trocken getupften Wildenten mit dem gewürfelten Gemüse im Schnellkochtopf in heißem Olivenöl anbraten. Mit Weißwein und den passierten Tomaten ablöschen.

Kurz einkochen lassen und den Wildentenfond angießen. Die Flüssigkeit kurz aufkochen lassen, den Deckel schließen, kurz abdampfen lassen und die Kochstufe einstellen. Die Garzeit beträgt 20 bis 25 Minuten (je nach Größe der Enten).

Nach Ende der Garzeit den Topf abdampfen lassen und öffnen. Mit der Schaumkelle die Enten herausheben und kurz unter kaltem Wasser abschrecken. Das Fleisch von den Knochen lösen und warm stellen.

Das Bouquet garni in den Kochfond geben und diesen einkochen lassen. Die Pappardelle nach Packungsanweisung in Salzwasser bissfest garen. Das Kräutersträußchen entfernen, die Sauce durchpassieren und, falls nötig, mit Pfeilwurzelmehl binden.

Die Nudeln auf vorgewärmte Tellern verteilen, das Entenfleisch darübergeben und mit der Sauce überziehen. Mit Fenchelsamen und geriebenem Parmesan bestreuen und servieren.

Zubereitungszeit: ca. 40 Minuten (plus Garzeit) – pro Portion ca. 400 kcal/1680 kJ

für 4 Portionen
600 g Kalbfleisch
150 g Zwiebeln
150 g Petersilienwurzeln
200 g Egerlinge
5 El Olivenöl
Salz, Pfeffer
1 Tl gerebelter Thymian
200 ml Kalbsfond (FP)
350 g Penne
1–2 Tl Mehl, 200 ml Sahne
150 g Erbsen (TK)
1–2 El Zitronensaft
Worcestersauce
1/2 Bund gehackte Petersilie

Kalb

Penne mit Kalbsragout

Das Fleisch waschen, trocknen und in Würfel schneiden. Die Zwiebeln und die Petersilienwurzeln schälen. Zwiebeln würfeln und die Petersilienwurzel in Scheiben schneiden. Die Pilze putzen und eventuell klein schneiden.

Die Hälfte des Öls erhitzen und die Pilze unter Rühren ca. 2 bis 3 Minuten braten. Herausnehmen und zur Seite stellen. Das restliche Öl erhitzen und das Fleisch darin unter Rühren anbraten.

Mit Salz und Pfeffer würzen und die Zwiebeln und Petersilienwurzeln dazugeben. Ca. 3 Minuten mitbraten, Thymian und den Fond dazugeben und das Ragout ca. 45 Minuten zugedeckt schmoren lassen.

Die Nudeln in einem großen Topf mit ausreichend kochendem Salzwasser bissfest garen.

Das Ragout offen etwas einkochen lassen, das Mehl darüberstäuben und die Sahne unter Rühren dazugeben. Die Erbsen mit den Pilzen in das Ragout geben und unter Rühren ca. 5 Minuten kochen lassen.

Das Ragout mit Zitronensaft, Worcestersauce, Salz und Pfeffer abschmecken und mit gehackter Petersilie bestreut servieren.

Zubereitungszeit: ca. 30 Minuten (plus Garzeit) – pro Portion ca. 790 kcal/3318 kJ

für 4 Portionen
400 g küchenfertiges Hasenfleisch
50 g Pancetta (Bauchspeck)
1 Zwiebel
1 Stange Staudensellerie
1 Möhre
1 Fleischtomate
2 El Olivenöl
Salz, Pfeffer
1/2 Tl getrockneter Thymian
100 ml trockener Weißwein
125 ml Fleischbrühe
400 g Pappardelle
(breite Bandnudeln)

Hase

Pappardelle mit Hasenragout

Das Hasenfleisch zerkleinern, den Speck in feine Würfel schneiden. Die Zwiebel schälen und hacken. Sellerie und Möhre putzen bzw. schälen, waschen und in Scheiben schneiden. Die Fleischtomate kreuzweise einritzen, mit kochendem Wasser überbrühen, häuten und das Fruchtfleisch in Stücke schneiden.

Das Öl in einer Pfanne erhitzen und die Speckwürfel darin anbraten. Das Fleisch dazugeben und von allen Seiten gut anbraten. Sellerie, Möhre und Tomate zugeben und mitschmoren. Alles mit Salz, Pfeffer und Thymian würzen. Wein und Brühe zugeben und das Ragout bei geringer Temperatur und abgedeckt etwa 1 Stunde 20 Minuten schmoren.

Die Pappardelle in reichlich kochendem Salzwasser bissfest garen, abgießen und abtropfen lassen. Nudeln unter das Hasenragout mischen und servieren.

Zubereitungszeit: ca. 30 Minuten (plus Schmor- und Garzeit) – pro Portion ca. 615 kcal/2583 kJ

für 4 Portionen
300 g Brokkoli
300 g Möhren
400 ml Gemüsebrühe
200 g Kalbsbrät
3 El Öl
1 Zwiebel
200 g Mascarpone
1 El heller Saucenbinder
Salz, Pfeffer
1 El Zitronensaft
2 Bund Kerbel
350 g Farfalle

Käsesauce

Farfalle mit Klößchen und Mascarpone

Den Brokkoli und die Möhren putzen. Die Möhren schälen und fein würfeln, den Brokkoli in kleine Röschen teilen. In der Brühe zugedeckt bei mittlerer Hitze 5 bis 6 Minuten kochen. Abgießen und dabei die Brühe auffangen.

Das Kalbsbrät mit feuchten Händen zu kleinen Klößen formen. Die Klöße im heißen Öl 2 Minuten goldbraun anbraten, dann herausnehmen.

Die Zwiebel schälen, fein würfeln und im Bratfett andünsten. 250 ml von der Brühe abmessen. Mit dem Mascarpone und dem Saucenbinder zur Zwiebel geben, mit einem Schneebesen verrühren und aufkochen lassen. Mit Salz, Pfeffer und Zitronensaft würzen.

Den Kerbel verlesen, waschen, trocknen und hacken, mit den Klößen und dem Gemüse in die Sauce geben und erhitzen.

Die Nudeln in reichlich Salzwasser nach Packungsanweisung bissfest garen, abtropfen lassen und mit der Käsesauce anrichten.

Zubereitungszeit: ca. 30 Minuten (plus Garzeit) – pro Portion ca. 709 kcal/2970 kJ

für 4 Portionen
1 Knoblauchzehe
2 Zwiebeln
1 rote Chilischote
1 El Olivenöl, Salz, Pfeffer
1 große Dose Pizzatomaten
rosenscharfes Paprikapulver
150 g Lammhackfleisch
150 g Rinderhackfleisch
1 Ei, 2 El Paniermehl
Cayennepfeffer
400 g Spaghettini
100 g Erbsen (TK)
1/2 Bund Salbei
100 g Schafskäse

Salbei

Spaghettini mit Klößchen

Die Knoblauchzehe und die Zwiebeln schälen und in feine Würfel schneiden. Die Chilischote putzen, waschen, halbieren, entkernen und in feine Würfel schneiden. Das Öl erhitzen und alles darin unter Rühren kurz anschwitzen. Die Pizzatomaten mit der Flüssigkeit dazugeben und mit Salz, Pfeffer und Paprikapulver kräftig abschmecken. Die Sauce zugedeckt bei milder Hitze ca. 10 Minuten schmoren lassen.

Die beiden Hackfleischsorten mischen. Ei und Paniermehl unterkneten und das Ganze mit Salz, Cayennepfeffer und Paprikapulver scharf abschmecken. Aus dem Fleischteig kleine Klößchen formen und in der Tomatensauce ca. 10 Minuten gar ziehen lassen.

Die Spaghettini in ausreichend kochendem Salzwasser bissfest garen. Die Erbsen ca. 5 Minuten vor Ende der Garzeit zu den Klößchen geben.

Den Salbei waschen, trocknen und fein hacken. Die Nudeln abgießen, mit kaltem Wasser abschrecken und mit der Sauce anrichten. Das Ganze mit Salbei und geraspeltem Schafskäse bestreut servieren.

Zubereitungszeit: ca. 35 Minuten (plus Garzeit) – pro Portion ca. 622 kcal/2604 kJ

für 4 Portionen
200 g Parmaschinken
1 Frühlingszwiebel
1 Bund Basilikum
500 g reife Tomaten
30 g Butter
2 El Olivenöl
400 g Tagliatelle
Salz
100 g frisch geriebener Parmesan
schwarzer Pfeffer aus der Mühle

Schinken

Tagliatelle mit Parmaschinken

Den Parmaschinken in 1 cm breite Streifen schneiden. Die Frühlingszwiebel putzen und fein würfeln, nur das Weiße verwenden.

Das Basilikum waschen und trockenschütteln. Etwas Basilikum beiseitelegen, die anderen Basilikumblätter zerpflücken.

Die Tomaten waschen, vierteln, Stielansätze entfernen und das Fruchtfleisch in mittelgroße Würfel schneiden. Butter und Olivenöl in einer Pfanne erhitzen. Die Frühlingszwiebelwürfel darin glasig dünsten.

Die Tagliatelle in reichlich Salzwasser nach Packungsanweisung bissfesst garen. Schinkenstreifen zu den Frühlingszwiebeln geben und mischen. Leicht erwärmen.

Tagliatelle abgießen. In eine große Schüssel Nudeln mit Tomatenwürfeln, Schinken-Zwiebel-Mischung, Basilikum und etwas Parmesan schichten. Mit Pfeffer würzen, gut vermengen und mit restlichem Basilikum garnieren. Geraspelten Parmesan dazureichen.

Zubereitungszeit: ca. 30 Minuten (plus Garzeit) – pro Portion ca. 779 kcal/3255 kJ

für 4 Portionen

400 g frischer Spinat
1 kleine Zwiebel
1 El Öl
4 frische Bratwürste
250 g Spaghettini oder andere dünne Nudeln
Salz
100 g rote Linsen
125 ml Fleisch- oder Gemüsebrühe
125 ml Sahne
frisch gemahlener Pfeffer

Spaghettini mit Bratwurst, Linsen und Spinat

Den Spinat verlesen, die harten Stiele entfernen. Blätter waschen und tropfnass in einen großen Topf geben. Den Topf auf die Kochstelle setzen und den Spinat darin bei großer Hitze zusammenfallen lassen, dabei den Topf mehrmals kräftig rütteln.

Den Spinat etwas abkühlen lassen und grob hacken. Die Zwiebel abziehen, fein zerkleinern und im heißen Öl bei kleiner Hitze glasig braten. Das Brät aus den Wursthäuten drücken, zu Klößchen formen und in die Pfanne geben. Bei mittlerer Hitze rundherum braun anbraten. Die Nudeln nach Packungsanweisung in reichlich Salzwasser bissfest garen. Anschließend abgießen und abtropfen lassen.

Linsen zum Brät geben und unter Rühren etwa 1 Minute mitbraten. Den Spinat zugeben. Brühe und Sahne zugießen, einmal aufkochen und zugedeckt bei kleiner Hitze noch etwa 5 Minuten garen. Mit Salz und Pfeffer abschmecken. Die Nudeln mit Klößchen und Gemüse mischen und auf heißen Portionstellern servieren.

Zubereitungszeit: ca. 40 Minuten (plus Garzeit) – pro Portion ca. 840 kcal/3528 kJ

für 4 Portionen
750 g weiße Spargelspitzen
Salz
1 Tl Butter
Zucker
250 g Nudeln
400 g Kalbfleisch
1 El Öl
1 Bund Schnittlauch
150 ml Sahne
1 Eigelb
Pfeffer
Cayennepfeffer

Kalbsragout

Nudeln mit Kalbsragout und Spargelspitzen

Die Spargelspitzen in kochendem Salzwasser mit Butter und 1 Prise Zucker bissfest garen. Herausnehmen und abtropfen lassen. Die Nudeln ebenfalls in kochendem Salzwasser nach Packungsanweisung bissfest kochen.

Das Kalbfleisch in Würfel schneiden. Das Öl in einer Pfanne erhitzen und das Fleisch darin unter Wenden anbraten. Aus der Pfanne nehmen und warm stellen.

Den Schnittlauch waschen, trocken schütteln und in Röllchen schneiden. Die Sahne steif schlagen. Das Eigelb, die Spargelspitzen und den Schnittlauch unterrühren. Die Fleischwürfel in die Sahnesauce geben, alles noch einmal kurz erhitzen und mit Salz, Pfeffer und Cayennepfeffer abschmecken. Das Kalbsragout mit den Nudeln servieren.

Zubereitungszeit: ca. 30 Minuten – pro Portion ca. 555 kcal/2331 kJ

Pasta mit Gemüse

für 4 Portionen
400 g Kürbisfleisch
1 rote Paprika
20 g Sesamsaat
40 g Butter
1–2 El Currypulver (mild)
50 ml Gemüsebrühe
200 ml Schlagsahne
1 El Zitronensaft
Zucker
Salz
Pfeffer
400 g Spaghettini
1 Bund glatte Petersilie

Kürbis

Kürbis-Spaghettini

Den Kürbis waschen, putzen und schälen und das Fruchtfleisch auf der Haushaltsreibe in Streifen hobeln. Die Paprika vierteln, entkernen, waschen und fein würfeln. Sesamsaat in einer Pfanne ohne Fett rösten, herausnehmen. Butter in einer Pfanne zerlassen, Currypulver und Paprikawürfel kurz darin andünsten.

Brühe und Sahne dazugießen, aufkochen lassen, die Kürbisraspeln zugeben und offen 3 Minuten kochen. Mit Zitronensaft und einer Prise Zucker, Salz und Pfeffer würzen.

Spaghettini nach Packungsanweisung in Salzwasser bissfest garen, abgießen und in einer vorgewärmten Schüssel mit der Sauce vermischen. Die Petersilie waschen, trocken schütteln, grob hacken und mit dem Sesam unterheben.

Zubereitungszeit: ca. 35 Minuten – pro Portion ca. 643 kcal/2701 kJ

für 4 Portionen
2 Möhren
1 Zucchini
500 g Spaghetti
Salz
1 unbehandelte Zitrone
2 Knoblauchzehen
1/2 Bund Basilikum
1 reife Avocado
3 El Olivenöl
1 El Cognac
Pfeffer
150 g Schmand

Bunte Gemüsespaghetti

Die Möhren waschen und schälen, Zucchini putzen, waschen und trocknen. Beides längs in Scheiben, dann in feine Streifen schneiden.

Die Nudeln in reichlich kochendem Salzwasser bissfest garen, anschließend abgießen und abtropfen lassen.

Die Zitrone mit heißem Wasser abspülen, trocknen und die Schale mit dem Zestenreißer dünn abhobeln. Den Knoblauch schälen und in feine Würfel schneiden. Basilikum putzen, waschen, trocknen und fein hacken. Die Avocado halbieren und den Stein entfernen. Danach das Fleisch herauslösen und mit einer Gabel zerdrücken.

Das Öl erhitzen und die Knoblauchwürfel darin anschwitzen. Die Möhrenstreifen und nach etwa 2 Minuten die Zucchinistreifen zugeben. Kurz dünsten, mit Cognac ablöschen und das Avocadofleisch zugeben. Mit Salz und Pfeffer abschmecken und mit Schmand verfeinern. Die Nudeln unter die Gemüsesauce mengen und auf vorgewärmten Tellern anrichten. Mit Basilikum und Zitronenzesten garnieren und sofort servieren.

Zubereitungszeit: ca. 35 Minuten – pro Portion ca. 585 kcal/2457 kJ

für 4 Portionen
150 g würziger Hartkäse
200 g Bandnudeln
10 frische Salbeiblätter
2 El Butter
Pfeffer

Salbeinudeln

Den Käse reiben. Die Nudeln nach Packungsanweisung in reichlich Salzwasser bissfest garen. Abgießen und abtropfen lassen.

Die Salbeiblätter waschen, trocknen und in Streifen schneiden. Die Butter in einer Pfanne erhitzen und den Salbei darin anrösten.

Bandnudeln zum Salbei geben und kurz darin schwenken. In einer vorgewärmten Schüssel mit dem geriebenen Käse mischen. Mit schwarzem Pfeffer bestreut servieren.

Zubereitungszeit: ca. 25 Minuten – pro Portion ca. 328 kcal/1378 kJ

Den Spargel waschen, das untere Drittel schälen und die holzigen Enden entfernen. In der Brühe ca. 8 Minuten gar kochen. Abgießen, dabei etwas Spargelbrühe auffangen. Himbeeressig mit derselben Menge Spargelbrühe verrühren, mit Senf, Zitronenschale, den Kräutern, Gewürzen und Zucker verrühren.

Die Schalotten schälen, fein hacken und unter das Dressing rühren. Alles heiß halten. Die Bandnudeln nach Packungsanweisung garen, dann abgießen. Die Safranfäden mit dem Olivenöl verrühren und alles in einer Schüssel mit den Nudeln vermengen.

Die Nudeln mit den halbierten Spargelstangen auf Tellern anrichten, alles mit der heißen Marinade beträufeln und sofort servieren.

Zubereitungszeit: ca. 35 Minuten – pro Portion ca. 546 kcal/2286 kJ

Bandnudeln mit grünem Spargel

für 4 Portionen

1,5 kg grüner Spargel
1 l Gemüsefond
5 El Himbeeressig
2 El süßer Senf
abgeriebene Schale von 1 unbehandelten Zitrone
2 El frisch gehackte, gemischte Kräuter
Salz, Pfeffer
Zucker
5 Schalotten
300 g breite Bandnudeln
1–2 Msp. Safranfäden
2–3 El Olivenöl

für 4 Portionen
400 g Penne
Salz
1 kg kleine Zucchini
4 Knoblauchzehen
1 Bund Basilikum
2–3 El Olivenöl
350 g Ricotta
Pfeffer
40 g geriebener Parmesan

Zucchini

Penne mit Zucchini und Ricotta

Penne in reichlich kochendem Salzwasser nach Packungsanweisung garen. Zucchini waschen, putzen, in kochendem Salzwasser 2 Minuten blanchieren, abschrecken und in 1 cm dicke Scheiben schneiden. Knoblauch schälen und fein hacken. Basilikum waschen, trocknen und in Streifen schneiden.

In einer Pfanne das Öl erhitzen. Zucchinischeiben 1 Minute darin anbraten, Knoblauch zugeben. Penne, Zucchini, Basilikum, Ricotta, Salz und Pfeffer mischen. Mit Parmesan servieren.

Zubereitungszeit: ca. 15 Minuten – pro Portion ca. 658 kcal/2764 kJ

Die Tortellini in einem großen Topf mit reichlich Salzwasser bissfest kochen. Abtropfen lassen, wieder in den Topf geben und warm halten. Die Pilze putzen und in feine Scheiben schneiden. Die Zitronenschale abreiben.

Die Butter in einem Topf zerlassen und die Pilze 2 Minuten bei mittlerer Hitze dünsten. Den Knoblauch, die Sahne, die geriebene Zitrone und den Muskat zugeben, dann mit schwarzem Pfeffer aus der Mühle abschmecken. Den Parmesan unterrühren und die Sauce 3 Minuten köcheln lassen.

Die Sauce an die Pasta gießen und vorsichtig vermengen. Die Pasta auf Teller geben und mit etwas Pfeffer bestreuen.

Zubereitungszeit: ca. 25 Minuten – pro Portion ca. 610 kcal/2570 kJ

Tortellini mit Pilz-Sauce

für 4 Portionen

500 g Tortellini
Salz
180 g Champignons
1 kleine unbehandelte Zitrone
60 g Butter
1 durchgepresste Knoblauchzehe
320 ml Sahne
eine Prise Muskat
3 El frisch geriebener Parmesan
Pfeffer

für 4 Portionen
2 Auberginen
5–6 El Öl
1 Schalotte
1 Knoblauchzehe
2 El Zitronensaft
4 El Olivenöl
150 g Joghurt
Salz
Pfeffer
400 g Bandnudeln
100 g Ricotta
1/2 Bund Schnittlauch

Nudeln mit Auberginen

Den Backofen auf 225 °C (Umluft 200 °C) vorheizen. Die Auberginen putzen, waschen und trocknen. Eine der Auberginen mit der Hälfte des Öls einstreichen, mehrmals mit einer Gabel einstechen und auf der mittleren Einschubleise ca. 30 Minuten im Ofen backen, bis die Haut schwarz wird. Das Auberginenfleisch aus der Schale kratzen. Die Knoblauchzehe und die Schalotte schälen, mit Auberginenfleisch, Zitronensaft und Olivenöl im Mixer fein pürieren. Den Joghurt unterrühren und mit Salz und Pfeffer abschmecken.

Die Bandnudeln nach Packungsanweisung in reichlich Salzwasser bissfest garen. Den Ricotta zerbröseln. Die zweite Aubergine in Scheiben schneiden. Das restliche Öl erhitzen und die Auberginenscheiben darin von beiden Seiten leicht bräunen.

Den Schnittlauch waschen, trocknen und in Röllchen schneiden. Die Nudeln abgießen, abschrecken und abtropfen lassen. Nudeln, Auberginen und Käse mischen. Mit der Sauce anrichten und mit Schnittlauchröllchen bestreut servieren.

Zubereitungszeit: ca. 20 Minuten (plus Garzeit) – pro Portion ca. 443 kcal/1858 kJ

für 4 Portionen

150 g Möhren
300 g Brokkoli
1 Bund glatte Petersilie
1 Bund Basilikum
10 Sauerampferblätter
1 Bund Frühlingszwiebeln
200 g Spaghetti, Salz
8 El Olivenöl
3 El Zitronensaft
1 rote und 1 gelbe Paprika, gerillt und gehäutet
Pfeffer

Paprika

Spaghetti primavera

Die Möhren schälen und in sehr dünne Scheiben schneiden. Den Brokkoli waschen und in sehr kleine Röschen zerteilen. Petersilie und Basilikum waschen, trocken schütteln und die Blättchen abzupfen. Kräuter und Sauerampfer grob hacken. Die Frühlingszwiebeln, waschen, putzen und in feine Scheiben schneiden.

Die Spaghetti nach Packungsanweisung in reichlich Salzwasser bissfest garen, in den letzten 4 Minuten Möhren und Brokkoli mitkochen. Abgießen und in einer Schüssel mit Öl, Zitronensaft, Paprikastreifen, Frühlingszwiebeln und Kräutern mischen. Mit Salz und Pfeffer würzen, nach Belieben heiß oder kalt servieren.

Zubereitungszeit: ca. 45 Minuten – pro Portion ca. 411 kcal/1722 kJ

Die Frühlingszwiebeln putzen, waschen und in Röllchen schneiden. Das Olivenöl in einem Topf erhitzen und die Frühlingszwiebeln darin glasig anschwitzen. Die Tomaten zugeben und bei mittlerer Temperatur etwa 7 Minuten köcheln, bis die Sauce etwas eindickt. Mit Salz und Pfeffer abschmecken.

Den Spargel waschen, das Stielende entfernen und den Spargel im unteren Drittel schälen. Den Spargel in Stücke von etwa 4 cm Länge schneiden und in kochendem Salzwasser bissfest garen. Herausnehmen und abtropfen lassen. Die Nudeln im kochenden Spargelwasser bissfest garen. Das Basilikum waschen, trocken schütteln und Blättchen in Streifen schneiden.

Die Butter in die Sauce geben, den Spargel und Basilikum unterheben und abschmecken. Die Sauce noch etwa 3 Minuten köcheln. Die Spaghetti mit der Spargelsauce anrichten und mit Parmesan bestreut servieren.

Zubereitungszeit: ca. 30 Minuten (plus Garzeit) – pro Portion ca. 423 kcal/1775 kJ

Penne mit grünem Spargel

für 4 Portionen

1 Bund Frühlingszwiebeln
2 El Olivenöl
400 g Pizzatomaten aus der Dose
Salz, Pfeffer
500 g grüner Spargel
400 g Penne
1/2 Bund Basilikum
1 El Butter
4 El frisch geriebener Parmesan

für 4 Portionen
600 g Brokkoli
600 ml Gemüsebrühe
1 Zwiebel
1 El Butter
300 g Bandnudeln
Salz
100 g Kräuter-Frischkäse
50 g frisch geriebener Parmesan
Pfeffer

Frischkäse

Tagliatelle mit Frischkäse-Sauce

Brokkoli putzen, in kleine Röschen teilen, den Strunk schälen und würfeln. Röschen 4 Minuten in der Brühe garen. Dann abgießen und die Brühe auffangen.

Zwiebel schälen und fein würfeln, mit den Brokkoliröschen im zerlassenen Fett andünsten, mit 500 ml von der Brühe ablöschen und zugedeckt 8 Minuten garen. Nudeln in ausreichend kochendem Salzwasser nach Packungsanweisung bissfest garen.

Brokkoli in der Brühe pürieren. Frischkäse und 30 g geriebenen Parmesan unterrühren, Brokkolistiele zugeben und nochmals aufkochen. Mit Salz und Pfeffer abschmecken, mit den abgetropften Nudeln, grob gemahlenem Pfeffer und dem restlichen Parmesan anrichten.

Zubereitungszeit: ca. 25 Minuten – pro Portion ca. 482 kcal/2024 kJ

für 4 Portionen
100 g Hartweizengrieß
200 g Mehl
Salz
400 g Fleischtomaten
2 Knoblauchzehen
1 Zwiebel
2 El Olivenöl
Pfeffer
500 g Rucola
100 g Gorgonzola
50 g Parmesan

Bandnudeln mit Rucola

Den Grieß mit Mehl, Salz und etwas Wasser mischen und daraus einen einheitlichen Teig kneten. Den Nudelteig auf einer bemehlten Arbeitsfläche dünn ausrollen und in Streifen schneiden.

Die Nudeln auf ein bemehltes Backblech legen, mit einem Küchentuch abdecken und etwas trocknen lassen. Tomaten waschen, putzen, Stielansätze entfernen, kreuzweise einritzen, mit kochendem Wasser überbrühen und häuten. Das Fruchtfleisch in Stücke schneiden. Knoblauchzehen und Zwiebel schälen und in Würfel schneiden.

Das Öl erhitzen und die Knoblauch- und Zwiebelwürfel darin kurz anschwitzen. Die Tomaten dazugeben, alles mit Salz und Pfeffer würzen und die Sauce bei milder Hitze ca. 10 Minuten kochen.

Den Rucola putzen, waschen, trocknen und grob hacken. Zur Sauce geben und ca. 3 Minuten darin erhitzen. Gorgonzola in kleine Stückchen schneiden und den Parmesan hobeln.

Die Nudeln in ausreichend Salzwasser bissfest garen. Herausnehmen und abtropfen lassen. Die Nudeln mit der Sauce mischen, anrichten und mit Parmesan und Gorgonzola bestreut servieren.

Zubereitungszeit: ca. 45 Minuten (plus Ruhe- und Garzeit) – pro Portion ca. 457 kcal/1919 kJ

für 4 Portionen
8 Zwiebeln
50 g Butter
500 g Blattspinat (TK)
400 g Bandnudeln
Salz
125 ml Sahne
2 El Weißwein
150 g Gorgonzola
Pfeffer
frisch geriebene Muskatnuss

Bandnudeln mit Spinatsauc

Zwiebeln schälen, würfeln und in der Butter glasig dünsten. Spinat unaufgetaut zugeben und zugedeckt bei milder Hitze 10 Minuten dünsten, dabei mehrmals umrühren.

Die Nudeln in ausreichend kochendem Salzwasser nach Packungsanweisung garen. Sahne, Weißwein und die Hälfte des Gorgonzolas zum Spinat geben und das Ganze mit dem Schneidstab des Handrührers pürieren.

Die Sauce kräftig mit Salz, Pfeffer und Muskat abschmecken. Die abgetropften Nudeln mit der Sauce und dem restlichen, in Würfel geschnittenen Gorgonzola servieren.

Zubereitungszeit: ca. 30 Minuten – pro Portion ca. 679 kcal/3838 kJ

Bohnenkerne 6 Minuten in Salzwasser kochen, abgießen, abschrecken und abtropfen lassen. Die Kerne aus den Häuten drücken. Pancetta grob würfeln, Knoblauch schälen und durch eine Presse geben. Rucola putzen, waschen und trockenschleudern, Blätter in mundgerechte Stücke zupfen. Feta zerbröseln.

Die Orecchiette nach Packungsanweisung in reichlich kochendem Salzwasser bissfest garen. Pancetta im Öl knusprig ausbraten, Bohnenkerne und Knoblauch dazugeben und mit Salz und Pfeffer würzen.

Die Orecchiette abgießen und in einer Schüssel mit den restlichen Zutaten vermischen. Mit grob gemahlenem Pfeffer bestreut servieren.

Zubereitungszeit: ca. 40 Minuten – pro Portion ca. 649 kcal/2720 kJ

Orecchiette mit dicken Bohnen

für 4 Portionen

500 g Dicke-Bohnen-Kerne (TK)
Salz
200 g Pancetta in dünnen Scheiben (gepökelter italienischer Bauchspeck)
3 Knoblauchzehen
2 Bund Rucola
200 g Feta-Käse
400 g Orecchiette
1 El Olivenöl
Pfeffer

für 4 Portionen
4 kleine Zucchini
2 kleine Auberginen
Salz
150 g frische Egerlinge
1 Bund Petersilie
1 Knoblauchzehe
3–4 El Olivenöl
2 Tl Oregano
Pfeffer
500 g Conchiglie (Muschelnudeln)
frisch geriebener Parmesan

Gemüse

Conchiglie mit Gemüsesauce

Zucchini und Auberginen waschen, die Stielenden abschneiden, das Gemüse in etwa 0,5 cm dicke Scheiben schneiden, mit Salz bestreuen und etwa 20 Minuten ziehen lassen.

Die Egerlinge putzen, waschen, mit Küchenkrepp sorgfältig trocken tupfen und in dünne Scheiben schneiden. Zucchini und Auberginen abspülen und ebenfalls sorgfältig trocken tupfen.

Die Petersilie waschen, grobe Stiele entfernen und den Rest klein hacken. Die Knoblauchzehe schälen, hacken und mit der Messerbreitseite zerdrücken.

Olivenöl in einer Pfanne erhitzen, Knoblauch und Petersilie kurz andünsten, danach die Zucchini-, Auberginen- und Pilzscheiben hinzufügen. Kurz anbraten, mit Oregano, Salz und Pfeffer würzen und bei schwacher Hitze unter Umrühren langsam garen.

Die Nudeln nach Packungsanweisung in reichlich Salzwasser bissfest garen.

Das Gemüse nochmals abschmecken, mit den abgegossenen, gut abgetropften Nudeln in eine vorgewärmte Schüssel geben, miteinander mischen und mit Parmesan servieren.

Zubereitungszeit: ca. 30 Minuten (plus Zeit zum Ziehen) – pro Portion ca. 545 kcal/2289 kJ

für 4 Portionen
450 g Spaghetti
Salz
250 g Kräuterseitlinge
1 Zweig Rosmarin
Pfeffer
80 g Butter
75 g Parmesan
2 El kalt gepresstes Rapsöl

Kräuterseitlinge

Spaghetti mit frischen Kräuterseitlingen

Die Spaghetti in reichlich kochendem Salzwasser nach Packungsanweisung bissfest kochen, anschließend abgießen und abtropfen lassen.

Die Pilze putzen, sauber bürsten, wenn nötig auch waschen und sofort wieder trocknen und die Pilzhüte in hauchdünne Scheiben schneiden. Den Rosmarin waschen, trocken schütteln, die Nadeln von den Stielen zupfen und klein hacken.

Die heißen, abgetropften Nudeln mit Rosmarin, Salz, Pfeffer, der Butter und etwa 2 El von dem Nudelwasser vermischen. Den Parmesan dazureiben, unterrühren und auf vorgewärmten Tellern anrichten. Die Pilzscheiben darüberstreuen, das Öl darüberträufeln und sofort servieren.

Zubereitungszeit: ca. 10 Minuten (plus Garzeit) – pro Portion ca. 648 kcal/2720 kJ

für 4 Portionen
400 g Brokkoli
1 El Mandelblättchen
1 Zwiebel
200 g Gorgonzola
400 g Hörnchennudeln
Salz
1 El Olivenöl
125 ml Sahne
Pfeffer, Muskat
1 Kästchen Kresse

Nudeln mit Brokkoli

Den Brokkoli putzen, waschen und in Röschen teilen. Die Mandelblättchen in einer Pfanne ohne Fett rösten. Die Zwiebel schälen und in Würfel schneiden. Den Gorgonzola in Stücke brechen.

Die Nudeln in reichlich kochendem Salzwasser bissfest garen. In einem zweiten Topf die Brokkoliröschen in kochendem Salzwasser ca. 2–3 Minuten blanchieren. Beides abgießen, mit kaltem Wasser abschrecken und gut abtropfen lassen.

Das Öl erhitzen und die Zwiebelwürfel darin glasig anschwitzen. Die Sahne dazugeben und aufkochen lassen. Die Gorgonzolastückchen zur Sauce geben und darin bei milder Hitze schmelzen lassen. Die Sauce mit Salz, Pfeffer und Muskat abschmecken. Brokkoli und Nudeln dazugeben.

Alles zusammen vorsichtig erwärmen. Die Kresse waschen, trocknen, vom Beet schneiden und die Nudeln mit Kresse und Mandeln garniert sofort servieren.

Zubereitungszeit: ca. 35 Minuten – pro Portion ca. 610 kcal/2565 kJ

für 4 Portionen
500 g Brokkoli
Salz
1 Schalotte
2 El Olivenöl
400 ml Gemüsebrühe
150 g Crème fraîche
100 g Pistazien
Pfeffer
1 El Zitronensaft
2 El Kapern
400 g grüne Linguine

Linguine mit Brokkoli-Pistazien-Creme

Den Brokkoli putzen, waschen und in Röschen teilen. Die Röschen in kochendem Salzwasser ca. 5 Minuten bissfest garen. Anschließend abgießen, abschrecken und abtropfen lassen. Die Schalotte schälen und fein würfeln. Die Würfel im erhitzten Öl glasig dünsten. Ein Viertel der Brokkoliröschen grob hacken und zu den Schalotten geben.

Gemüsebrühe und Crème fraîche einrühren. Die Hälfte der Pistazien fein mahlen und dazugeben. Alles kurz aufkochen lassen, vom Herd nehmen und pürieren. Mit Salz, Pfeffer und Zitronensaft abschmecken. Den restlichen Brokkoli und die Hälfte der Kapern dazugeben, alles mischen und erneut erwärmen.

Die Nudeln nach Packungsanweisung in reichlich Salzwasser bissfest garen. Abgießen und abtropfen lassen. Mit der Sauce mischen, auf Tellern anrichten und mit Kapern und den restlichen, grob gehackten Pistazien garniert servieren.

Zubereitungszeit: ca. 30 Minuten – pro Portion ca. 680 kcal/2856 kJ

für 4 Portionen
400 g Makkaroni
Salz
75 g in Kräuter eingelegte grüne Oliven
4 Sardellenfilets in Öl
1 Knoblauchzehe
6 El Olivenöl
1 El Cognac
1 El Zitronensaft
1 Tl gerebelter Oregano
Pfeffer
500 g Fleischtomaten
200 g Artischockenherzen (aus dem Glas)

Makkaroni mit Olivenpaste

Die Nudeln nach Packungsanweisung in reichlich kochendem Salzwasser garen. Danach abgießen und abtropfen lassen.

Die Oliven halbieren und entsteinen. Die Sardellen gründlich abspülen und trocknen. Die Knoblauchzehe schälen. Mit 2 El Olivenöl fein pürieren.

Weitere 2 El Olivenöl mit Cognac, Zitronensaft und Oregano verrühren und mit dem Oliven-Sardellen-Püree vermengen. Mit Salz und Pfeffer abschmecken.

Die Tomaten waschen, Stielansätze entfernen, kreuzweise einritzen, mit kochendem Wasser überbrühen, häuten, entkernen und das Fruchtfleisch würfeln. Die Artischockenherzen abtropfen lassen und vierteln.

Das restliche Olivenöl in einer Pfanne erhitzen und darin die Tomaten kurz anschwitzen. Dann die Artischocken untermengen und mit Salz und Pfeffer würzen.

Nudeln mit dem Gemüse vermischen und bei schwacher Hitze kurz erwärmen. Sofort servieren und die Olivenpaste dazureichen.

Zubereitungszeit: ca. 30 Minuten – pro Portion ca. 510 kcal/2142 kJ

für 4 Portionen
400 g Rigatoni
Salz
2 große Auberginen
5 El Olivenöl
2 Knoblauchzehen
1 El gerebelter Thymian
100 ml Gemüsefond
Saft und 1 Tl Schale von
1 unbehandelten Zitrone
Pfeffer
150 g Schafskäse

Rigatoni mit Auberginen-gemüse

Die Rigatoni nach Packungsanweisung in Salzwasser garen. Die Auberginen waschen, trocken tupfen und würfen. Das Olivenöl erhitzen und die Auberginenwürfel darin unter Rühren kräftig anbraten.

Die Knoblauchzehen schälen und fein hacken, zusammen mit dem Thymian zu den Auberginen geben. Dann den Gemüsefond und den Zitronensaft dazugießen, mit Zitronenschale, Salz und Pfeffer würzen und die Sauce mit den Rigatoni vermengen.

Pasta auf vorgewärmten Tellern anrichten und mit dem zerbröckelten Schafskäse bestreut servieren.

Zubereitungszeit: ca. 30 Minuten – pro Portion ca. 403 kcal/1687 kJ

für 4 Portionen
250 g schmale Bandnudeln
Salz
2 El Butter
2 Stangen Lauch, in Ringen
250 g Pilze, in Scheiben
Pfeffer aus der Mühle
1 Msp. Cayennepfeffer
125 ml trockener Weißwein
250 ml Schlagsahne
frisch geriebene Muskatnuss
100 g frisch geriebener Parmesan

Lauch

Bandnudeln mit Pilz-Lauch-Sauce

Die Nudeln nach Packungsanweisung in reichlich Salzwasser bissfest garen. Anschließend abgießen, abtropfen lassen und warm stellen.

Die Butter in einer großen Pfanne erhitzen. Lauch und Pilze bei starker Hitze unter ständigem Rühren 5 Minuten dünsten. Mit Salz, Pfeffer und Cayennepfeffer würzen. Den Weißwein und die Sahne angießen und die Sauce 6–8 Minuten köcheln lassen. Dann mit Muskatnuss abschmecken. Die Nudeln unter die Sauce mischen, auf vorgewärmten Tellern anrichten und den Parmesan dazureichen.

Zubereitungszeit: ca. 25 Minuten – pro Portion ca. 583 kcal/2449 kJ

Champignons waschen, trocknen, putzen und in Scheiben schneiden. Zwiebeln schälen, halbieren und in Scheiben schneiden.

Den Speck in feine Streifen schneiden und im Öl in einer Pfanne auslassen. Zwiebeln zugeben und glasig dünsten. Die Champignons zugeben und so lange dünsten, bis die Flüssigkeit verdampft ist.

Die Nudeln in ausreichend kochendem Salzwasser nach Packungsanweisung garen. Crème fraîche und die Brühe zu den Pilzen geben und 5 Minuten kochen lassen, dann mit Salz und Pfeffer kräftig abschmecken.

Basilikum waschen, trocknen, hacken und vor dem Servieren unter die Sauce geben. Parmesan darüberhobeln und servieren.

Zubereitungszeit: ca. 35 Minuten – pro Portion ca. 850 kcal/3552 kJ

Grüne Bandnudeln mit Pilzsauce

für 4 Portionen

750 g Champignons
800 g Zwiebeln
150 g durchwachsener Speck
1 El Öl
400 g grüne Bandnudeln
Salz
400 g Crème fraîche
1/4 l Brühe
Pfeffer aus der Mühle
1 Bund Basilikum
50 g Parmesan

für 4 Portionen

500 g wilder oder grüner Spargel
1 Zwiebel
50 g roher Schinken
40 g Butter
1/4 getrocknete Chilischote
300 g Penne
200 ml Sahne
1 El Tomatenmark
Salz
Pfeffer
1/2 Bund Petersilie

Penne mit Spargel

Wilden Spargel waschen und den unteren Teil entfernen. Grünen Spargel waschen, Enden abschneiden, im unteren Drittel schälen und in schräge Stücke schneiden. Geschälte Zwiebel und den Schinken in Würfel schneiden.

Die Butter in einer großen Pfanne erhitzen und die Schinken- und Zwiebelwürfel darin anbraten. Den Spargel sowie die Chilischote hineingeben und mitanbraten. Die Nudeln nach Packungsanweisung in kochendem Salzwasser bissfest kochen.

Sahne und Tomatenmark zum Gemüse geben und etwas einkochen lassen. Sobald die Sauce cremig ist, die abgetropften Penne dazugeben, mit Salz und Pfeffer würzen und alles vorsichtig miteinander vermischen. Noch einmal kurz erwärmen und zum Schluss mit gehackter Petersilie bestreuen.

Zubereitungszeit: ca. 30 Minuten – pro Portion ca. 495 kcal/2079 kJ

für 4 Portionen
250 g frische oder 25 g getrocknete Morcheln
30 g Butter
250 g Sahne
1 El Marsala
Salz
Pfeffer aus der Mühle
Saft von 1/2 Zitrone
400 g frische Tagliatelle

Morcheln

Tagliatelle mit Morcheln

Frische Morcheln 5 Minuten in kaltes Wasser legen. Getrocknete Morcheln mit lauwarmem Wasser bedeckt 30 Minuten einweichen lassen. Die Morcheln einzeln gründlich unter fließendem Wasser waschen, denn in jeder Vertiefung kann Sand versteckt sein. Große Morcheln halbieren oder vierteln. Auf einem Küchentuch gut abtropfen lassen.

Die Butter in einer hochwandigen Pfanne erhitzen und die Morcheln 10 Minuten darin schmoren lassen. Nach und nach die Sahne und den Marsala hinzufügen und weiterschmoren, bis die Konsistenz der Sahne dicklich wird. Mit Salz, Pfeffer und Zitronensaft abschmecken.

Die Nudeln nach Packungsanweisung in reichlich kochendem Salzwasser bissfest garen. Die Pasta zu den Morcheln in die Pfanne geben, gut vermischen und auf vorgewärmten Tellern anrichten.

Zubereitungszeit: ca. 25 Minuten (plus Einweichzeit) – pro Portion ca. 600 kcal/2520 kJ

für 4 Portionen

je 1 rote, gelbe und grüne Paprikaschote
1 rote Chili
3 Knoblauchzehen
1/2 Bund glatte Petersilie
400 g Bandnudeln
60–80 g Butter
Salz
Pfeffer
1 Limette

Bandnudeln mit Paprika

Die Paprikaschoten halbieren, putzen, entkernen und waschen. Mit der Hautseite nach oben unter den Backofengrill legen, bis die Haut sich schwarz verfärbt und Blasen wirft. Herausnehmen und unter einem feuchten Tuch abkühlen lassen. Anschließend häuten und das Fruchtfleisch in etwa 2 cm breite Streifen schneiden.

Die Chili halbieren, entkernen und in Streifen schneiden. Den Knoblauch schälen und in Scheiben schneiden. Die Petersilie waschen, trocknen und fein hacken.

Die Nudeln nach Packungsanweisung in reichlich Salzwasser bissfest garen.

Die Butter in der Pfanne erhitzen. Chili und Knoblauch darin 1–2 Minuten dünsten. Die Paprikastreifen dazugeben und mit Salz und Pfeffer würzen. Die gehackte Petersilie unterheben.

Die Nudeln abgießen und mit dem Paprikagemüse auf Tellern anrichten. Die Limette in Spalten schneiden und dazuservieren. Etwas Limettensaft über die Nudeln träufeln.

Zubereitungszeit: ca. 40 Minuten (plus Ruhe- und Garzeit) – pro Portion ca. 529 kcal/2222 kJ

für 4 Portionen
1 kg Tomaten
6 Knoblauchzehen
3 Schalotten
2 El Olivenöl
Salz
Pfeffer
500 g grüne Bandnudeln
1 kleiner Zweig Rosmarin
100 g Butter
20 frische Salbeiblätter, fein gehackt
100 g Parmesan

Salbei

Grüne Nudeln mit Salbei und Tomaten

Die Tomaten waschen, Stielansätze entfernen, kreuzweise einritzen, mit kochendem Wasser überbrühen, entkernen und häuten und das Fruchtfleisch in grobe Stücke schneiden.

2 Knoblauchzehen schälen und in feine Scheiben schneiden. Die Schalotten schälen, fein würfeln und mit den Knoblauchscheiben im heißen Olivenöl andünsten. Die Tomatenwürfel dazugeben und alles bei milder Hitze 30 Minuten köcheln lassen. Mit Salz und Pfeffer würzen.

Die Nudeln in reichlich kochendem Salzwasser bissfest garen. Die restlichen Knoblauchzehen schälen und in Scheiben schneiden. Den Rosmarin waschen, die Rosmarinnadeln von den Stängeln streifen und grob hacken. Die Butter erhitzen, die Knoblauchscheiben, den Rosmarin und die Salbeiblätter dazugeben, einmal aufschäumen lassen.

Die Nudeln auf vorgewärmten Tellern mit der Tomatensauce anrichten und den Parmesan frisch darüberreiben oder -hobeln. Zuletzt die heiße Salbeibutter über alles gießen und servieren.

Zubereitungszeit: ca. 40 Minuten (plus Kochzeit) – pro Portion ca. 723 kcal/3037 kJ

für 4 Portionen
2 Knoblauchzehen
2–3 getrocknete Chili
100 ml Olivenöl
1 Dose Artischockenherzen
4 Zweige Thymian
1/2 Bund Basilikum
100 g getrocknete Tomaten in Öl
400 g Pappardelle
Salz
50 g Pinienkerne
50 g Parmesan

Artischocken

Pappardelle mit Artischockenherzen

Knoblauch schälen und fein hacken. Chilischoten zerbröseln. Mit 1 El Olivenöl in eine Pfanne geben und 2 bis 3 Minuten anschwitzen. Vom Herd nehmen und mit dem restlichen Olivenöl mischen, 2 El davon abnehmen.

Die Artischockenherzen in einem Sieb abtropfen lassen und halbieren. Thymian und Basilikum waschen, trocknen, Blättchen abzupfen und hacken, getrocknete Tomaten würfeln. Pappardelle nach Packungsanweisung garen, abgießen, abschrecken und abtropfen lassen. Pinienkerne in einer beschichteten Pfanne ohne Fett goldbraun rösten.

In einer Pfanne die 2 El Olivenöl erhitzen, die Artischockenherzen dazugeben und 4 bis 5 Minuten von allen Seiten anbraten. Tomaten und Nudeln zugeben und 2 Minuten mitanschwitzen. Knoblauchöl und Pinienkerne untermischen, mit Salz abschmecken. Mit Basilikum, Thymian und frisch geriebenem Parmesan servieren.

Zubereitungszeit: ca. 45 Minuten – pro Portion ca. 809 kcal/3398 kJ

Pasta aus dem Ofen

für 4 Portionen
Salz
300 g Spaghetti
500 g Flaschentomaten
100 g Rucola
150 g gekochter Schinken
2 Knoblauchzehen
1 El Olivenöl
Pfeffer
1 Tl rosenscharfes Paprikapulver
Butter für die Form
250 g Fontina

Knusprige Nudelnester

In ausreichend kochendem Salzwasser die Spaghetti bissfest garen. Anschließend in einem Sieb abgießen, abschrecken und gut abtropfen lassen.

Die Tomaten waschen, Stielansätze entfernen, kreuzweise einritzen, mit kochendem Wasser überbrühen, häuten, halbieren, entkernen und das Fruchtfleisch fein würfeln.

Den Rucola putzen, waschen, trocknen und in feine Streifen schneiden. Den gekochten Schinken würfeln. Den Knoblauch schälen und fein hacken.

Den Backofen auf 200 °C (Umluft 180 °C) vorheizen. Das Öl erhitzen und den Schinken darin kurz anbraten. Tomaten, Rucola und Knoblauch dazugeben und kurz mitbraten. Mit Salz, frisch gemahlenem Pfeffer und Paprika würzen.

Eine feuerfeste Form mit Butter einstreichen und darin aus den Nudeln kleine Nester formen. In die Nudelnester das Tomatengemüse füllen. Den Käse in Würfel schneiden und darüberstreuen. Auf der mittleren Einschubleiste überbacken, bis der Käse geschmolzen ist.

Zubereitungszeit: ca. 45 Minuten (plus Backzeit) – pro Portion ca. 582 kcal/2447 kJ

für 4 Portionen

je 2 rote, grüne und gelbe Paprikaschoten

2 Knoblauchzehen

400 g Mozzarella-Käse

1/2 Bund Thymian

3 El Olivenöl

1 Tl abgeriebene Schale von 1 unbehandelten Zitrone

Salz

Pfeffer

300 g Spaghettini

Paprika

Überbackene Spaghettini mit Paprika

Die Paprikaschoten waschen, trocknen, putzen und in kleine Würfel schneiden. Den Knoblauch schälen und zerdrücken. Den Mozzarella in Scheiben schneiden.

Den Thymian waschen, trocknen, die Blättchen abzupfen und grob hacken. 2 El Öl in einer großen Pfanne erhitzen. Die Paprikaschoten darin bei mittlerer Hitze unter Rühren kräftig anbraten.

Knoblauch, die halbe Menge Thymian und die Zitronenschale untermischen, mit Salz und Pfeffer abschmecken und in eine große Schüssel geben. Den Backofen auf 250 °C (Umluft 220 °C) vorheizen. Die Nudeln in reichlich Salzwasser nach Packungsanweisung bissfest garen. Anschließend abgießen, abtropfen lassen und mit den Paprikaschoten mischen.

Alles in eine ofenfeste Form geben, mit dem Mozzarella belegen, mit dem restlichen Thymian bestreuen und dem restlichen Öl beträufeln. Die Nudeln in den heißen Ofen schieben und 8–10 Minuten überbacken, bis der Käse zerlaufen und leicht gebräunt ist.

Zubereitungszeit: ca. 40 Minuten (plus Garzeit) – pro Portion ca. 603 kcal/2533 kJ

für 4 Portionen
150 g Weizenmehl
150 g Hartweizengrieß
4 Eier, Salz
500 g Blattspinat
100 g roher, mild gesalzener Schinken
125 g Mozzarella
1 Zweig Oregano
2 Knoblauchzehen
150 g Ricotta
Pfeffer
Butter für die Form
1 Eigelb
50 g geriebener Pecorino
5 El Olivenöl
80 ml Béchamelsauce

Schinken

Cannelloni nach Gärtnerinnen-Art

Mehl, Grieß, Eier und 1/2 Tl Salz mit 100 ml lauwarmem Wasser mischen und zu einem glatten Teig kneten. Den Teig zugedeckt ca. 30 Minuten ruhen lassen. Den Spinat putzen, waschen, abtropfen lassen und kurz blanchieren. Den Schinken in Streifen, den Mozzarella in Würfel schneiden.

Oregano waschen, trocken schütteln und die Blättchen fein hacken. Die Knoblauchzehen schälen und durchpressen. Ricotta und Mozzarella mit dem Spinat, dem Schinken, dem Oregano und dem Knoblauch mischen. Mit Salz und Pfeffer kräftig abschmecken. Den Backofen auf 250 °C (Umluft 220 °C) vorheizen.

Den Nudelteig ca. 2 mm dick ausrollen und 20 Quadrate von ca. 10 cm Seitenlänge ausschneiden. In reichlich gesalzenem Wasser portionsweise garen.

Die Teigquadrate auf einer Arbeitsfläche ausbreiten. Die Spinat-Schinken-Füllung auf die Quadrate verteilen und die Nudelquadrate aufrollen. Die Nahtstelle nach unten legen. Eine ofenfeste Form gleichmäßig mit Butter ausstreichen.

Die Cannelloni in die Form legen. Das Eigelb mit dem Pecorino, dem Öl und der Béchamelsauce verquirlen und die Mischung über den Nudeln verteilen. Mit Salz und Pfeffer würzen. Den Cannelloni-Auflauf auf der mittleren Einschubleiste ca. 20 Minuten goldgelb backen.

Zubereitungszeit: ca. 50 Minuten (plus Ruhe- und Garzeit) – pro Portion ca. 703 kcal/2955 kJ

für 4 Portionen
1 Zwiebel
1 Möhre
2 El Olivenöl
400 g gemischtes Hackfleisch
1 Tl getrockneter Thymian
900 g Pizzatomaten (a. d. Dose)
Salz, Pfeffer
2 El Butter, 4 El Mehl
500 ml Weißwein
150 ml Milch
500 g Lasagneblätter
300 g frisch geriebener Cheddar
Fett für die Form
Basilikum zum Garnieren

Lasagne

Thymian

Zwiebel und Möhre schälen und hacken bzw. würfeln. Öl in einer Pfanne erhitzen und die Zwiebel darin glasig dünsten. Möhre und Hack hinzufügen und gut anbraten. Thymian und Tomaten unterrühren und mit Salz und Pfeffer abschmecken.

Aus Butter und Mehl eine Mehlschwitze herstellen und mit Wein ablöschen. Sämig einkochen lassen, dann die Milch unterrühren und salzen. Den Backofen auf 200 °C (Umluft 180 °C) vorheizen.

Etwas Sauce in eine gefettete Auflaufform geben, darauf eine Lage ungegarte Lasagneblätter legen und etwas Hackfleischmasse darauf verteilen. Mit etwas Käse bestreuen. Den Vorgang wiederholen, bis alle Zutaten aufgebraucht sind. Die letzte Schicht sollte aus Sauce und darauf Käse bestehen. Die Lasagne im Ofen etwa 40 Minuten goldbraun überbacken. Mit Basilikum garniert servieren.

Zubereitungszeit: ca. 40 Minuten (plus Garzeit) – pro Portion ca. 1065 kcal/4473 kJ

für 4 Portionen
1 kleiner Wirsing (ca. 600 g)
Salz
1 El Öl
12 Lasagneblätter
60 g Butter
Pfeffer
frisch geriebene Muskatnuss
12 sehr dünne Scheiben rohes Kasseler
200 g Mozzarella
30 g Parmesan
200 ml Sahne
1 Ei
Fett für die Form

Wirsing-Cannelloni

Den Wirsing putzen, waschen und den Strunk herausschneiden. 6 schöne Blätter einzeln ablösen und in reichlich siedendem Wasser etwa 1 Minute blanchieren, bis sie weich genug zum Aufrollen sind. Mit einem Schaumlöffel herausnehmen, kalt abspülen und auf einem Küchentuch abtropfen lassen.

Die dicken Mittelrippen der Wirsingblätter herausschneiden, den restlichen Kohl in feine Streifen schneiden. Salz und Öl zum Wirsingsud geben. Die Lasagneblätter darin portionsweise etwa 6 Minuten kochen, bis man sie gut aufrollen kann. Herausnehmen und zum Abtropfen nebeneinander auf ein Küchentuch legen.

Etwa 30 g Butter in einer großen Pfanne erhitzen. Wirsingstreifen darin bei mittlerer Hitze unter Rühren 5 Minuten dünsten. Mit Salz, Pfeffer und Muskat würzen und in einer Schüssel etwas abkühlen lassen. Inzwischen jeweils 1 Wirsingblatt leicht salzen und pfeffern. Mit 1 Lasagneblatt und 1 Scheibe Kasseler belegen. Zu Cannelloni aufrollen.

Abgetropften Mozzarella sehr fein würfeln, den Parmesan reiben. Die gedünsteten Wirsingstreifen mit Sahne, Ei und Mozzarella mischen und in eine gefettete Gratinform geben. Die Cannelloni dicht an dicht darauflegen. Die restliche Butter zerlassen. Cannelloni damit bestreichen und mit Parmesan bestreuen. Zugedeckt in den kalten Backofen schieben. Bei 180 °C (Umluft 160 °C) etwa 40 Minuten backen.

Zubereitungszeit: ca. 35 Minuten (plus Garzeit) – pro Portion ca. 690 kcal/2898 kJ

für 4 Portionen
125 ml Olivenöl
1 Tl Salz
Pfeffer
2 Knoblauchzehen
300 g Zucchini in Scheiben
2 El Rosmarinöl
150 g geräucherter Speck, gewürfelt
1 Zwiebel, gehackt
1 Möhre, in Stiften

Makkaroni-Auflauf mit Wild

600 g Wildfleischfilet, gehackt
1 kleine Chili, in Streifen
500 g Fleischtomaten, gehäutet und gewürfelt
2 Tl gerebelter Oregano
400 g Makkaroni, gegart
500 ml Wildfond
1 El Butter
1 El Mehl
250 ml Milch
60 g Kasseri
3 Zweige Liebstöckel
Fett für die Form

Das Ölivenöl mit 1/2 Tl Salz, Pfeffer und Knoblauch vermischen und die Zucchinischeiben darin etwa 1 Stunde zugedeckt ziehen lassen.

Das Rosmarinöl erhitzen und darin den Speck auslassen. Die Zwiebel und die Möhrenstifte dazugeben und kurz anschwitzen. Das zerkleinerte Wildfleisch hinzufügen und unter Rühren kräftig anbraten. Dann die Tomatenwürfel und die Chilistreifen dazugeben und das Ganze etwa 10 Minuten schmoren. Mit Salz, frisch gemahlenem Pfeffer und Oregano würzen. Die Nudeln in ausreichend kochendem Salzwasser bissfest garen, abgießen und gut abtropfen lassen. Den Backofen auf 200 °C (Umluft 180 °C) vorheizen.

Die Fleisch-Gemüse-Mischung mit dem Wildfond angießen und ohne Deckel weiterschmoren, bis die Flüssigkeit fast vollständig verdampft ist. Für die Käsesauce aus Butter und Mehl eine Mehlschwitze zubereiten und mit der Milch eine Sauce herstellen. Käse in grobe Stücke schneiden und diese in der Sauce schmelzen lassen. Mit Salz und Pfeffer würzen.

Eine feuerfeste Form mit Fett einstreichen und zuerst eine Schicht Makkaroni einfüllen. Darauf gleichmäßig die Hälfte der Fleischsauce verteilen. Wieder mit Makkaroni bedecken. Die marinierten Zucchini überlappend einschichten. Erneut mit Nudeln und dann mit der restlichen Fleischsauce bedecken. Die letzte Schicht Makkaroni einfüllen und das Ganze mit der Käsesauce übergießen und glatt streichen. Den Auflauf auf der mittleren Einschubleiste des Ofens etwa 30 Minuten backen. Liebstöckel waschen, trocknen und fein gehackt kurz vor dem Servieren über den Makkaroni-Auflauf streuen.

Zubereitungszeit: ca. 1 Stunde, 15 Minuten (plus Garzeit und Zeit zum Marinieren) – pro Portion ca. 540 kcal/2268 kJ

für 4 Portionen
200 g Hörnchennudeln
80 g Butter
30 g Mehl
250 ml Milch
250 ml Sahne
80 g geriebener Emmentaler
Salz
Pfeffer
1 El gehackter Dill
1 El gehackte Petersilie
400 g Räucherfisch
2 Äpfel
Saft von 1 Zitrone

Nudelauflauf mit Räucherfisch

Die Nudeln in reichlich Salzwasser bissfest garen, abgießen und abtropfen lassen. Den Backofen auf 200 °C (Umluft 180 °C) vorheizen.

50 g Butter in einer Pfanne zerlassen und unter Rühren das Mehl einstreuen. Einmal aufschäumen lassen, dann Milch und Sahne aufgießen. Gründlich verrühren und gut durchkochen lassen. 50 g Käse hinzufügen und mit Salz, Pfeffer und Kräutern würzen.

Den Fisch häuten, entgräten und in kleine Stücke zerpflücken. Die Äpfel schälen, vierteln und ohne Kerngehäuse in Scheibchen schneiden. Beides mit den Nudeln vermischen, die Sauce unterziehen und mit Salz, Pfeffer und Zitronensaft würzen.

Die Mischung in eine gefettete Auflaufform füllen, die restliche Butter in Flöckchen darüber verteilen und auf der mittleren Schiene in etwa 20–30 Minuten goldbraun backen.

Zubereitungszeit: ca. 30 Minuten (plus Garzeit) – pro Portion ca. 790 kcal/3318 kJ

für 4 Portionen
800 g Steinpilze
1 Zwiebel
2 Knoblauchzehen
7 El Basilikumöl
2 Tl gerebelter Oregano
600 g geschälte Tomaten aus der Dose
3 El Mehl
250 ml trockener Rotwein
Salz
Pfeffer
300 g Tortellini
250 g Gouda

Pilze

Tortellini-Auflauf mit Pilzen

Die Pilze putzen und feucht abreiben. Dann in dicke Scheiben schneiden. Zwiebel und Knoblauch schälen und fein würfeln.

4 El Öl erhitzen, Zwiebel und Knoblauch darin glasig dünsten. Oregano unterheben. Die Pilze hinzugeben und 3 Minuten unter Rühren weiterdünsten. Die Tomaten abtropfen lassen und den Sud auffangen. Das Fruchtfleisch würfeln.

Die Pilze mit dem Mehl bestäuben, anschwitzen lassen und anschließend mit dem Rotwein unter Rühren ablöschen. Die Tomatenwürfel mit Sud hinzufügen und das Ganze mit Salz und Pfeffer abschmecken. Weitere 10 Minuten bei mittlerer Hitze kochen.

Den Backofen auf 200 °C (Umluft 180 °C) vorheizen. Die Nudeln in reichlich kochendem Salzwasser nach Packungsanweisung bissfest garen. Dann abgießen, abtropfen lassen und mit 1 El Öl vermischen.

Eine ausreichend große feuerfeste Form mit 1 El Öl einfetten und die Hälfte der Nudeln darin verteilen. Die Hälfte der Pilzsauce daraufgeben und anschließend die Hälfte des Käses darüberhobeln. Das Ganze mit der restlichen Sauce und dem Käse wiederholen. Zum Schluss das restliche Öl darüberträufeln und den Auflauf auf der mittleren Einschubleiste des Backofens etwa 30 Minuten backen.

Zubereitungszeit: ca. 30 Minuten (plus Garzeit) – pro Portion ca. 550 kcal/2310 kJ

für 4 Portionen
200 g Spirali-Nudeln
Salz
6 El Öl
300 g Schweinemett
1 Ei
2 El Magerquark
Pfeffer aus der Mühle
3 Zucchini
1 Zwiebel
1 Knoblauchzehe
400 g Pizzatomaten (a. d. Dose)
150 ml Sahne
2 El gehackte Rosmarinnadeln
50 g Emmentaler

Mett

Nudelauflauf mit Mett

Die Nudeln nach Packungsanweisung in reichlich Salzwasser bissfest kochen, abgießen, abtropfen lassen und mit 1 El Öl mischen.

Mett, Ei und Quark verkneten und mit Pfeffer würzen. Mit feuchten Händen ca. 15 Klößchen daraus formen. Die Zucchini waschen und putzen. Längs in 5 mm dünne Scheiben schneiden. Einige Scheiben beiseitelegen, den Rest würfeln. Die Zwiebel und die Knoblauchzehe schälen und fein hacken. Die Mettbällchen in 2 El Öl bei mittlerer Hitze 4 Minuten rundherum goldbraun braten, dann aus dem Topf nehmen.

2 El Öl im Bratensatz erhitzen. Zucchini, Zwiebel und Knoblauch darin andünsten. Die Pizzatomaten und die Sahne dazugeben und würzen. 3 Minuten im offenen Topf einkochen lassen. Die Hälfte der Sauce in eine feuerfeste Auflaufform geben. Die Nudeln und die Mettbällchen darauf verteilen. Mit der restlichen Sauce begießen. Zucchinischeiben darauflegen, mit dem restlichen Öl bepinseln. Den Emmentaler reiben und über den Auflauf streuen.

Den Auflauf im vorgeheizten Backofen bei 225 °C (Umluft 200 °C) auf der mittleren Einschubleiste 15 Minuten überbacken.

Zubereitungszeit: ca. 35 Minuten (plus Garzeit) – pro Portion ca. 720 kcal/3014 kJ

Die Nudeln in Salzwasser garen. Die Zucchini waschen, trocken tupfen und raspeln. Die Knoblauchzehe schälen und fein hacken. Die Butter zerlassen und Zucchini mit Knoblauch 2 bis 3 Minuten dünsten.

Die Sprossen waschen, trocken schleudern und mit den Krabben zu der Zucchini geben und den Topf vom Herd nehmen. Die Eier trennen. Den Backofen auf 200 °C (Umluft 180 °C) vorheizen. Eigelb, Salz, Pfeffer und Zitronensaft unter die Krabbenmischung rühren, dann das Eiweiß steif schlagen und unterheben. Mit den Nudeln ermengen und alles auf vier gebutterte und mit Paniermehl bestäubte, backofentaugliche Förmchen verteilen. Auf der mittleren Einschubleiste in der mit Wasser gefüllten Fettpfanne des Ofens ca. 25 Minuten garen.

Die Zwiebeln schälen und in Ringe schneiden. Im heißen Olivenöl glasig dünsten. Mit der Sahne ablöschen und etwas einkochen lassen. den Roquefort darin schmelzen und die Sauce mit Salz und Pfeffer abschmecken. Den Schnittlauch waschen und in Ringe schneiden. Nudeln aus den Förmchen stürzen, auf der Sauce anrichten und mit Schnittlauch bestreut servieren.

Zubereitungszeit: ca. 20 Minuten – pro Portion ca. 395 kcal/1654 kJ

Krabben

Knusprige Nudelroulade

für 4 Portionen

125 g Hörnchennudeln
Salz
1 Zucchini
1 Knoblauchzehe
1 El Butter
100 g gemischte Sprossen
100 g küchenfertige, gekochte Krabben
1 El Crème fraîche
3 Eier
Pfeffer
2 El Zitronensaft
2 Zwiebeln
1 El Olivenöl
200 ml Sahne
100 g Roquefort
1 Bund Schnittlauch
Paniermehl und Butter für die Förmchen

für 4 Portionen
200 g Tagliatelle
Salz
2 Stangen Staudensellerie
1 Bund glatte Petersilie
100 g Geflügelfleischwurst
150 g Spargel
Zucker
6 in Öl eingelegte Artischockenherzen
Muskatnuss
Pfeffer
120 g Parmesan
Butter für die Form

Artischocken

Nudelauflauf Carciofi

Die Nudeln in ausreichend kochendem Salzwasser bissfest garen, abgießen, abschrecken und gut abtropfen lassen. Staudensellerie und Petersilie putzen, waschen und trocknen, Sellerie halbieren und in ca. 5 mm große Stücke schneiden. Petersilie fein hacken. Wurst in feine Streifen schneiden.

Spargel waschen, schälen, die Enden abschneiden und die Stangen in 1 cm lange Stücke schneiden, Spargel und Sellerie in kochendem Wasser mit etwas Zucker kurz blanchieren. Herausnehmen und abtropfen lassen. Artischocken ebenfalls abtropfen lassen und vierteln.

Den Backofen auf 200 °C vorheizen. Eine Auflaufform einfetten. Die Nudeln mit Sellerie, Wurststreifen, Spargel und Artischockenvierteln vermengen. Mit geriebener Muskatnuss, Pfeffer und Salz würzen und in die Auflaufform füllen.

Den Parmesan reiben und über den Auflauf streuen. Das Ganze im Backofen ca. 30 Minuten goldbraun backen. Anschließend mit der Petersilie bestreut servieren.

Zubereitungszeit: ca. 25 Minuten (plus Garzeit) – pro Portion ca. 293 kcal/1229 kJ

für 4 Portionen
500 g Tortellini
Salz
400 g Zucchini
3 El Butter
2 Knoblauchzehen
3 Eier
250 ml Milch
100 g frisch geriebener Parmesan
Pfeffer
frisch geriebene Muskatnuss

Gemüse

Tortellini-Gratin mit Gemüse

Die Tortellini in kochendem Salzwasser nach Packungsanleitung bissfest garen. In ein Sieb schütten und gut abtropfen lassen. Den Backofen auf 220 °C (Umluft 200 °C) vorheizen.

Die Zucchini waschen, vom Stielansatz befreien und auf der Gemüsereibe mittelfein raspeln.

In einer Pfanne 2 El Butter erhitzen und die Zucchiniraspel darin 5 Minuten bei starker Hitze anbraten. Den Knoblauch schälen, dazupressen und das Gemüse salzen.

Eine Auflaufform mit der restlichen Butter einfetten. Die Zucchiniraspel auf dem Boden der Form verteilen und die Tortellini daraufgeben.

Die Eier mit der Milch verquirlen, den Parmesan untermischen und mit Salz, frisch gemahlenem Pfeffer und Muskat würzen. Diese Mischung gleichmäßig über das Gratin gießen. Auf der mittleren Schiene des Backofens 15 Minuten gratinieren, bis die Oberfläche goldbraun geworden ist.

Zubereitungszeit: ca. 20 Minuten (plus Garzeit) – pro Portion ca. 720 kcal/3024 kJ

für 4 Portionen
300 g grüne Lasagneblätter, Salz
300 g Lachsfilet
2 El Zitronensaft
1 Zwiebel, 1 Knoblauchzehe
3 El Butter
100 ml Weißwein
250 ml Sahne, Pfeffer
abgeriebene Schale von
1/2 unbehandelten Zitrone
100 g Gorgonzola, 100 g Pecorino
50 g Butterflöckchen zum Bestreuen
Kräuter zum Garnieren
Butter für die Form

Lasagne

Feinschmecker-Lasagne

Die Lasagneblätter in kochendem Salzwasser ca. 10 Minuten bissfest kochen. Den Lachs waschen, trocken tupfen, mit Zitronensaft beträufeln und salzen. Anschließend in Würfel schneiden.

Die Zwiebel schälen und in Würfel schneiden. Die Knoblauchzehe schälen und fein hacken. Die Butter in einer Pfanne erhitzen, Zwiebeln und Knoblauch darin andünsten. Anschließend den Fisch dazugeben.

Mit dem Weißwein ablöschen, die Sahne einrühren, etwas einkochen lassen und mit Salz und Pfeffer würzen. Den Backofen auf 250 °C (Umluft 220 °C) vorheizen.

Die Zitronenschale unter die Sauce rühren. Den Gorgonzola mit einer Gabel zerdrücken, den Pecorino hobeln. Die Lasagneplatten abgießen und abtropfen lassen.

Eine ofenfeste Form mit Butter ausstreichen und abwechselnd Nudelplatten und Lachs-Sauce einfüllen. Mit einer Schicht Nudelplatten abschließen.

Auf der letzten Schicht den Käse und die Butterflöckchen verteilen. Das Ganze im Backofen auf der mittleren Einschubleiste ca. 15 Minuten backen. Mit Kräutern garniert servieren.

Zubereitungszeit: ca. 30 Minuten (plus Garzeit) – pro Portion ca. 948 kcal/3981 kJ

für 4 Portionen
2 kg Blattspinat, Salz
200 g Zwiebeln
600 g Strauchtomaten
1–2 Knoblauchzehen
50 g Butter
40 g Mehl, 300 ml Milch
250 ml Sahne
1 El getrocknete Krauter der Provence
5 Eier
Pfeffer
12–15 Lasagneblätter (ohne Kochen)
300 g geriebener Fontinakäse
1/2 Bund glatte Petersilie

Spinat-Lasagne

Den Spinat putzen, gründlich waschen und in Salzwasser 5 Minuten blanchieren. Anschließend abschrecken und gut ausdrücken. Die Zwiebeln schälen und fein würfeln, die Tomaten waschen, putzen und in Scheiben schneiden, den Knoblauch schälen und durchpressen.

Spinat und Zwiebeln im Fett andünsten, mit Mehl bestäuben und mit Milch und Sahne auffüllen. Knoblauch und Kräuter der Provence dazugeben, 2 Minuten garen. Vom Herd nehmen und die Eier unterrühren. Mit Salz und frisch gemahlenem Pfeffer würzen.

Abwechselnd Lasagneblätter, Spinat, Tomaten und Käse in eine flache Auflaufform schichten, als letzte Schicht Spinat und Käse. Im heißen Backofen bei 180 °C auf der mittleren Schiene 50 Minuten backen. Die Petersilie fein hacken, die Lasagne mit der Petersilie bestreut servieren.

Zubereitungszeit: ca. 20 Minuten (plus Garzeit) – pro Portion ca. 1013 kcal/4255 kJ

für 4 Portionen
500 g Makkaroni
Salz
200 g Kochschinken
100 g Gouda
250 ml Béchamelsauce (FP)
150 ml Milch
200 g Sahneschmelzkäse
Pfeffer
3 El Schnittlauchröllchen

Makkaroni-Auflauf mit Schinken

Die Nudeln in reichlich kochendem Salzwasser bissfest garen, anschließend abgießen und abtropfen lassen.

Backofen auf 225 °C (Umluft 200 °C) vorheizen. Schinken würfeln, Gouda raspeln. Béchamelsauce mit Milch aufkochen, Schmelzkäse einrühren, eventuell salzen und pfeffern. Nudeln und Schinken abwechselnd in eine gefettete Form schichten, dazwischen mit Sauce begießen.

Zum Schluss die restliche Sauce über dem Auflauf verteilen, mit Käse bestreuen und im heißen Ofen auf der 2. Schiene von unten 20 Minuten überbacken. Mit Schnittlauch bestreut servieren.

Zubereitungszeit: ca. 20 Minuten (plus Garzeit) – pro Portion ca. 840 kcal/3528 kJ

Die Nudeln bissfest garen, abgießen, abschrecken und abtropfen lassen. Den Knoblauch schälen und durch die Presse drücken. Kerbel putzen, waschen, trocknen und fein hacken.

Den Backofen auf 200 °C (Umluft 180 °C) vorheizen. 2 El der Butter schmelzen und die Möhrenraspel darin schwenken. Etwa 5 Minuten dünsten und mit Knoblauch, Salz, Pfeffer und Kerbel würzen. Den Käse reiben und mit Eiern, Milch, Sahne, frisch geriebener Muskatnuss und Salz verquirlen.

Eine Auflaufform fetten und jeweils im Wechsel Ravioli und Möhren einfüllen. Die Sauce darübergießen und glatt streichen. Auf der mittleren Einschubleiste etwa 40 Minuten backen.

Zubereitungszeit: ca. 20 Minuten (plus Garzeit) – pro Portion ca. 415 kcal/1743 kJ

Ravioli

Überbackene Ravioli

für 4 Portionen
300 g frische Ravioli
Salz
2 Knoblauchzehen
1/2 Bund Kerbel
3 El Butter
400 g Möhren, geraspelt
Pfeffer
100 g alter Gouda
3 Eier
250 ml Milch
125 ml Sahne
Muskatnuss
Butter zum Einfetten

für 4 Portionen
2 Scheiben Toastbrot
400 g Seefischfilet
125 g gekochte Krabben
200 g Muschelfleisch (aus dem Glas), 2 Eier
2 Bund Brunnenkresse
Salz, Pfeffer
Zitronensaft
150 g geriebener Mozzarella
2 El Butter, 3 El Mehl
500 ml Milch, Muskat
300 g Cannelloni
125 g geriebener Pecorino
Fett für die Form

Krabben

Cannelloni frutti di mare

Die Toastbrotscheiben in warmem Wasser einweichen. Das Fischfilet waschen, trocknen, entgräten und in grobe Stücke schneiden. Die Toastbrotscheiben gut ausdrücken und mit den Fischstücken im Mixer fein pürieren.

Die Krabben waschen, abtropfen lassen und grob hacken. Das Muschelfleisch in ein Sieb geben, gut abtropfen lassen und grob hacken. Beides zur Fischmasse geben und mit den Eiern mischen.

Die Brunnenkresse waschen, trocknen und fein hacken. Ca. 2 El beiseitelegen und den Rest unter die Fischmasse rühren. Das Ganze mit Salz, Pfeffer und Zitronensaft abschmecken und den Mozzarella untermengen.

Den Backofen auf 200 °C (Umluft 180 °C) vorheizen. Die Butter erhitzen und das Mehl darin unter Rühren anschwitzen. Mit der Milch ablöschen, unter Rühren aufkochen lassen und die Sauce mit Salz und Muskat abschmecken.

Eine flache, feuerfeste Form einfetten und etwas von der Sauce auf ihrem Boden verteilen. Die Cannelloni mit der Fischmasse füllen und in die Form legen. Die restliche Sauce darübergeben und mit dem Pecorino bestreuen. Auf der mittleren Einschubleiste ca. 25 bis 30 Minuten überbacken. Herausnehmen, anrichten und mit der restlichen Brunnenkresse bestreut servieren.

Zubereitungszeit: ca. 30 Minuten (plus Garzeit) – pro Portion ca. 695 kcal/2919 kJ

für 4 Portionen
400 g Mangold
200 g Cocktailtomaten
2 Zwiebeln
2 Knoblauchzehen
100 g alter Gouda
3 El Olivenöl
Salz, Pfeffer
1 Tl Rosmarinnadeln
1 Tl gerebelter Thymian
350 g Spaghetti
Fett für die Form
40 g Butterflöckchen

Mangold Gratinierte Spaghetti

Mangold putzen, waschen, trocknen und grob zerpflücken. Die Tomaten putzen, waschen, trocknen und halbieren. Zwiebeln und Knoblauch schälen und fein hacken. Den Gouda grob reiben.

Den Backofen auf 200 °C (Umluft 180 °C) vorheizen. In einer Pfanne das Öl erhitzen und die Zwiebeln mit dem Knoblauch darin glasig andünsten. Mangold hinzufügen und in der Pfanne zusammenfallen lassen. Tomaten unterheben und unter Rühren kurz mitanbraten. Mit Salz, Pfeffer, Rosmarin und Thymian würzen.

In ausreichend kochendem Salzwasser die Nudeln bissfest kochen, abgießen und abtropfen lassen.

Die Nudeln und den geriebenen Käse unter das Gemüse mengen, eine feuerfeste Form ausfetten und die Nudel-Gemüse-Masse darin verteilen. Die Butterflöckchen auf den Auflauf geben und auf der mittleren Einschubleiste des Backofens ca. 20 Minuten überbacken. Aus dem Ofen nehmen und sofort servieren.

Zubereitungszeit: ca. 45 Minuten (plus Backzeit) – pro Portion ca. 532 kcal/2234 kJ

für 4 Portionen

2 rote Zwiebeln
450 g Hähnchenbrustfilet
4 El Knoblauchöl
200 g Champignons
Salz
Pfeffer
1 Bund Schnittlauch
10 Salbeiblättchen
125 ml Weißwein
100 ml Geflügelfond
250 g rote Lasagneblätter (ohne Kochen)
60 g Gruyère

Gruyère

Rote Lasagne

Die Zwiebeln schälen und hacken, das Hähnchenbrustfilet würfeln. Das Knoblauchöl in einer Pfanne erhitzen und die Zwiebeln darin andünsten. Das Hähnchenbrustfilet zugeben und gut anbraten. Die Champignons in dünne Scheiben schneiden und mitschmoren, bis die Flüssigkeit verkocht ist. Mit Salz und Pfeffer abschmecken.

Den Schnittlauch und die Salbeiblättchen waschen, trocken schütteln, hacken und in die Pfanne geben. Weißwein und Geflügelfond angießen und alles etwa 10 Minuten bei mittlerer Hitze köcheln lassen.

Eine Auflaufform einfetten und eine Lage Lasagneblätter hineinlegen. Eine Schicht Hähnchen-Pilz-Mischung daraufgeben. Abwechselnd mit den Lasagneblättern und der Fleischmischung so weiterverfahren. Mit einer Schicht Fleisch abschließen. Den Gruyère darüberhobeln und im Ofen auf der mittleren Einschubleiste bei 200 °C etwa 30 Minuten überbacken.

Zubereitungszeit: ca. 30 Minuten (plus Backzeit) – pro Portion ca. 310 kcal/1302 kJ

Die Zwiebeln schälen und fein würfeln. Die Knoblauchzehen schälen und durchpressen. Die Rosmarinnadeln abzupfen und fein hacken.

Zwiebeln, Knoblauch und Rosmarin mit dem Hackfleisch im heißen Öl rund 3 Minuten braten. Dabei das Hack zerkrümeln, die Pizzatomaten dazugeben. Mit Salz und Pfeffer würzen und 10 Minuten offen bei milder Hitze kochen lassen. Backofen auf 200 °C (Umluft 180 °C) vorheizen.

Die Bucatini kochen und kurz abtropfen lassen. Dann in der Sauce erwärmen. Die Nudeln mit der Sauce in eine Auflaufform füllen, mit geraspeltem Käse bestreuen und im vorgeheizten Backofen auf der 2. Einschubleiste von unten 20–25 Minuten backen. Mit Schnittlauch bestreut servieren.

Zubereitungszeit: ca. 25 Minuten (plus Garzeit) – pro Portion ca. 390 kcal/1633 kJ

Rosmarin

Nudelauflauf Bolognese

für 4 Portionen
2 Zwiebeln
2 Knoblauchzehen
2 kleine Zweige Rosmarin
350 g Beefsteakhack
2 El Öl
400 g Pizzatomaten
Salz, Pfeffer
200 g Bucatini
50 g Emmentaler
1 El Schnittlauchröllchen

für 4 Portionen
300 g Romanesco
300 g Möhren
1 Stange Lauch
2 El Olivenöl
100 g saure Sahne
2 Eier
Salz, Pfeffer, Muskat
Zitronensaft
2 El Butter, 3 El Mehl
500 ml Milch
Butter für die Form
200 g Cannelloni
100 g geriebener Käse
4 El Schnittlauchröllchen

Romanesco-Cannelloni

Den Romanesco putzen, waschen, trocknen und in kleine Röschen teilen. Die Möhren schälen und fein würfeln. Den Lauch putzen, waschen, trocknen und in feine Streifen schneiden. Das Öl erhitzen und das Gemüse darin unter Rühren ca. 5 Minuten dünsten. Vom Herd nehmen und mit saurer Sahne und Eiern mischen. Das Ganze mit Salz, Pfeffer, Muskat und Zitronensaft abschmecken.

Den Backofen auf 200 °C (Umluft 180 °C) vorheizen. Die Butter erhitzen, das Mehl einrühren, etwas anschwitzen, mit der Milch ablöschen und aufkochen lassen. Mit Salz, Muskat und Zitronensaft abschmecken.

Eine flache, feuerfeste Form einfetten. Etwas von der Sauce auf dem Boden verteilen. Die Cannelloni mit der Gemüsemasse füllen und in die Form legen. Mit der Sauce begießen und mit dem Käse bestreuen. Auf der mittleren Einschubleiste ca. 20–25 Minuten überbacken. Die Cannelloni mit Schnittlauch bestreut anrichten und servieren.

Zubereitungszeit: ca. 30 Minuten (plus Garzeit) – pro Portion ca. 385 kcal/1612 kJ

für 4 Portionen
200 g Rigatoni, Salz
150 g Parmaschinken
1 Zwiebel
2 Knoblauchzehen
1 El Olivenöl
100 g Gorgonzola
3 Eier
250 ml Sahne, Pfeffer
frisch geriebene Muskatnuss
200 g Rucola
3 El Pinienkerne
50 g Parmesan
Fett für die Form

Rigatoni-Gratin mit Rucola

Die Nudeln nach Packungsanweisung in Salzwasser bissfest garen, in einem Sieb abgießen, abschrecken und abtropfen lassen.

Den Schinken in Streifen schneiden. Die Zwiebel schälen und fein würfeln. Knoblauch schälen und pressen.

Das Öl erhitzen und die Zwiebeln goldgelb dünsten. Schinkenstreifen und Knoblauch hinzufügen und schwenken. Zur Seite stellen.

Den Backofen auf 200 °C (Umluft 180 °C) vorheizen. Den Gorgonzola zerdrücken und mit Eiern und Sahne verquirlen. Die Käse-Sahne mit Salz, Pfeffer und frisch geriebener Muskatnuss abschmecken.

Eine feuerfeste Form mit Fett einstreichen. Die Nudeln mit dem Schinken vermengen und in die Form füllen, Die Käse-Sahne darübergießen und glatt streichen. Auf der mittleren Einschubleiste etwa 30 Minuten backen.

Den Rucola waschen, trocknen und grob zerpflücken. In einer beschichteten Pfanne die Pinienkerne goldbraun rösten.

Nach Ende der Garzeit Nudelgratin herausnehmen und mit Rucola bedecken. Parmesan in dünnen Scheiben darüberhobeln und die Pinienkerne darüberstreuen.

Zubereitungszeit: ca. 30 Minuten (plus Backzeit) – pro Portion ca. 630 kcal/2646 kJ

für 4 Portionen

2 El Olivenöl
je 1 Zwiebel und Möhre, gehackt
400 g Lammhackfleisch
1 Tl getrockneter Salbei
Salz
Pfeffer
900 g Pizzatomaten (a. d. Dose)
2 El Butter
4 El Mehl
500 ml Weißwein
150 ml Milch
3 Tomaten
200 g Mozzarella
500 g Lasagneblätter
200 g Parmesan
Fett für die Form

Lasagne mit Mozzarella

Öl in einer Pfanne erhitzen und die Zwiebeln darin glasig dünsten. Möhren und Hack hinzufügen und gut anbraten. Salbei, Salz, Pfeffer und Pizzatomaten zufügen. Aus Butter und Mehl eine Mehlschwitze herstellen und mit Wein ablöschen, dann die Milch unterrühren. Den Backofen auf 200 °C vorheizen.

Die Tomaten waschen, von den Stielansätzen befreien und in Scheiben schneiden. Den Mozzarella ebenfalls in Scheiben schneiden. Abwechselnd Sauce, ungegarte Lasagneblätter, Hackmischung und frisch geriebenen Parmesan in die Form füllen. Mit Sauce abschließen. Darauf die Tomatenscheiben legen und mit Mozzarella bedecken. Im Ofen ca. 40 Minuten backen.

Zubereitungszeit: ca. 25 Minuten (plus Garzeit) – pro Portion ca. 1125 kcal/4725 kJ

Den Kohl putzen, waschen und in Streifen schneiden. In kochendem Salzwasser ca. 5 Minuten blanchieren.

Die Hackfleischmischung wie links beschrieben zubereiten und mit dem Kohl mischen. Abwechselnd Sauce, ungegarte Lasagneblätter und zerbröckelten Schafskäse in die gefettete Auflaufform schichten und im Ofen wie links angegeben backen.

Zubereitungszeit: ca. 30 Minuten (plus Garzeit) – pro Portion ca. 1005 kcal/4221 kJ

Wirsing-Lasagne

für 4 Portionen
500 g Wirsing
Salz
je 1 Zwiebel und Möhre
2 El Olivenöl
400 g gemischtes Hackfleisch
1 Tl getrockneter Thymian
Pfeffer
900 g Pizzatomaten (a. d. Dose)
2 El Butter
4 El Mehl
500 ml Weißwein
150 ml Milch
500 g Lasagneblätter
300 g Schafskäse
Fett für die Form

für 6–8 Portionen

1 El Rosmarinnadeln, gehackt
300 g durchwachsener Speck in dünnen Scheiben
4 El Öl, 350 g Crème fraîche
6 Eier , Salz, Pfeffer
2 kg Tomaten , 750 g Fadennudeln
100 g Parmesan , 20 g weiche Butter
20 g Semmelbrösel
3 El Olivenöl
300 g Frühlingszwiebeln
1 Bund Basilikum
300 g milder Schafskäse
300 g mittelalter Gouda
Butter für die Form

Tomaten Fadennudel-Auflauf

Den Speck fein würfeln und in der Pfanne in 2 El heißem Öl bräunen. Crème fraîche und Eier in einer Schüssel mit dem Handrührer 4–5 Minuten auf höchster Stufe schlagen, salzen und pfeffern. Speck und Rosmarin unterrühren.

Tomaten waschen, kreuzweise einritzen, Stielansätze entfernen, überbrühen, häuten und waagerecht halbieren. Die Nudeln in reichlich Salzwasser 3–4 Minuten kochen, abtropfen lassen, mit dem restlichen Öl mischen. Dann mit der Eiermischung und 50 g Parmesan gut vermengen.

Eine Auflauf- oder Backform mit Butter ausstreichen und mit Semmelbröseln dünn bestreuen. Die Hälfte der Nudelmasse gleichmäßig darauf verteilen. Die unteren Tomatenhälften mit der Schnittfläche nach unten auf die Nudeln setzen und leicht andrücken. Mit der restlichen Nudelmasse bedecken. Darauf die restlichen Tomatenhälften setzen und mit dem Olivenöl bestreichen.

Den Auflauf im vorgeheizten Backofen bei 200 °C auf der mittleren Einschubleiste 35–40 Minuten backen. Die Frühlingszwiebeln und das Basilikum waschen, trocknen und getrennt nicht zu fein hacken. Den Schafskäse würfeln. Den Gouda entrinden und grob raspeln. Den Auflauf auf einem Gitter 10–15 Minuten abkühlen lassen, noch warm in Stücke schneiden und servieren. Käse und Kräuter getrennt dazu reichen.

Zubereitungszeit: ca. 1 Stunde, 30 Minuten – pro Portion ca. 1220 kcal/5114 kJ

für 4 Portionen
8 grüne Lasagneblätter
Salz
150 g Thunfisch
(aus der Dose)
1 Bund Frühlingszwiebeln
2 Knoblauchzehen
1 Bund Kerbel
400 g Sahnequark
2 Eier
150 g frisch geriebener Parmesan
Pfeffer
Butter zum Einfetten

Kerbel
Nudelrouladen

Die Lasagneblätter in kochendem Salzwasser bissfest garen. In kaltem Wasser abschrecken, gut abtropfen lassen und bereitlegen. Den Thunfisch abtropfen lassen und mit einer Gabel zerpflücken.

Die Frühlingszwiebeln putzen, waschen, trocknen und in feine Ringe schneiden. Die Knoblauchzehen schälen und fein hacken. Den Kerbel waschen, trocknen und fein hacken. Sahnequark, Eier und 100 g Parmesan verrühren, Frühlingszwiebeln, Knoblauch und Kerbel unterrühren und alles mit Pfeffer und Salz abschmecken.

Den Backofen auf 180 °C vorheizen. Die Lasagneblätter jeweils mit der Füllung bestreichen und aufrollen. Die Rollen in breite Stücke schneiden und in eine gefettete Auflaufform setzen. Mit dem restlichen Parmesan bestreuen und auf der mittleren Einschubleiste ca. 15 Minuten überbacken.

Zubereitungszeit: ca. 45 Minuten (plus Backzeit) – pro Portion ca. 493 kcal/2069 kJ

für 4 Portionen
500 g Zucchini
1 Zwiebel
1 Knoblauchzehe
250 g gekochter Schinken
200 g Bandnudeln
200 g rote Bandnudeln
Salz
1 El Butter
Pfeffer
Butter für die Form
80 g Parmesan
30 g Mandelblättchen

Zucchini

Zucchini-Auflauf

Die Zucchini putzen, waschen, erst quer und dann längs halbieren und mit dem Küchenhobel in feine Scheiben hobeln. Die Zwiebel und die Knoblauchzehe schälen und fein hacken. Schinken würfeln.

Nudeln nach Packungsanweisung in ausreichend kochendem Salzwasser bissfest kochen, abgießen und abtropfen lassen. Die Butter schmelzen, die Zwiebelwürfel darin glasig dünsten, Schinken zugeben und mitanbraten. Die Zucchini zufügen und mitdünsten. Die Knoblauchwürfel darüberstreuen und mit dem Gemüse vermengen. Mit Salz und Pfeffer würzen.

Eine feuerfeste Form einfetten und die Bandnudeln einfüllen. Darüber das Zucchinigemüse schichten. Den Käse darüberreiben und gleichmäßig verteilen. Unter dem Grill goldbraun überbacken.

Die Mandeln in einer beschichteten Pfanne ohne Fettzugabe hellgelb rösten und kurz vor dem Servieren über den Auflauf streuen.

Zubereitungszeit: ca. 35 Minuten (plus Zeit zum Marinieren) – pro Portion ca. 593 kcal/2489 kJ

Pasta-Salate

für 4 Portionen
100 g rote Linsen
500 ml Fleischbrühe
300 g Farfalle
Salz, 1 Zwiebel
100 g Rote Bete aus dem Glas
1 Möhre, 100 g Lauch
2 El Zitronensaft
3 El Öl, Pfeffer
2 Tl Pimentpulver
1 Tl Paprikapulver
150 g Rauchfleisch
1 Bund Petersilie

Linsen Farfalle-Salat

Die Linsen waschen und mit der Brühe in einen ausreichend großen Topf geben. Bei milder Hitze etwa 10 Minuten kochen. Die Nudeln nach Packungsanweisung in kochendem Salzwasser bissfest garen.

Die Zwiebel schälen und fein hacken. Die Rote Bete in Streifen schneiden. Die Möhre putzen, waschen, schälen und in feine Stifte schneiden. Den Lauch putzen, waschen und in feine Ringe schneiden.

Den Zitronensaft mit dem Öl verrühren und mit Salz, Pfeffer, Piment- und Paprikapulver abschmecken. Das Rauchfleisch in feine Streifen schneiden. Die Petersilie waschen, trocknen und hacken.

Die Linsen und die Nudeln in ein Sieb geben, abschrecken und abtropfen lassen. Beides vollständig auskühlen lassen. Anschließend mit Möhren, Lauch, Zwiebel und Rauchfleisch vermengen. Den Salat mit der Salatsauce mischen, auf Tellern anrichten und servieren.

Zubereitungszeit: ca. 25 Minuten (plus Zeit zum Auskühlen) – pro Portion ca. 403 kcal/1690 kJ

für 4 Portionen
1 große Aubergine
4 Tl grobes Meersalz
3 rote Paprika
2 mittelgroße Zucchini
2 Fleischtomaten
400 g Mozzarella
1/2 Bund Petersilie
500 g bunte Tortellini
Salz
Pfeffer
125 ml Olivenöl

Paprika

Nudelsalat Tricolore

Die Aubergine waschen, in etwa 5 mm dicke Scheiben schneiden, auf eine Platte legen, mit Meersalz bestreuen, abdecken und mit einem Gewicht beschwert 1 Stunde ziehen lassen. Anschließend abspülen und trocknen. Die Scheiben unter dem Grill von beiden Seiten ca. 4 Minuten garen.

Die Paprika putzen, waschen, halbieren, entkernen und in Streifen schneiden. Die Zucchini waschen und in Streifen schneiden. Die Fleischtomaten kreuzweise einschneiden, mit kochendem Wasser überbrühen, häuten und in Würfel schneiden. Den Käse in ein Sieb geben, abtropfen lassen und ebenfalls würfeln. Die Petersilie waschen, trocknen und fein hacken.

Die Nudeln nach Packungsanweisung garen. In ein Sieb gießen, mit kaltem Wasser abschrecken und gut abtropfen lassen. Zum Abkühlen beiseitestellen.

Die gegarten Auberginenscheiben halbieren und mit dem restlichen Gemüse und dem Mozzarella vermischen. Mit Salz und Pfeffer abschmecken. Die Petersilie unterheben und die Mischung mit dem Olivenöl beträufeln. Die Nudeln unterheben und servieren.

Zubereitungszeit: ca. 30 Minuten (plus Zeit zum Ziehen) – pro Portion ca. 543 kcal/2278 kJ

für 4 Portionen
300 g Erbsen (TK)
250 g Schleifchennudeln
4 El Öl
Salz
300 g Putenbrustfilet
Pfeffer
4 Tomaten
3 El Salatcreme
1 Becher Trinkmilch-Joghurt (150 g)
4 El Sahne
3 El Tomatenketchup
2 El Cream-Sherry oder Portwein
1 Prise Zucker

Nudelsalat mit Putenfleisch

Die Erbsen auftauen lassen. Die Nudeln mit 2 El Öl in kochendes Salzwasser geben und nach Packungsanweisung bissfest garen. Dann abgießen, mit kaltem Wasser abschrecken und abtropfen lassen.

Das Filet in feine Streifen schneiden. 2 El Öl in einer Pfanne erhitzen und das Fleisch darin unter häufigem Wenden von allen Seiten braten. Mit Salz und Pfeffer würzen und abkühlen lassen.

Die Tomaten waschen, kreuzweise einritzen, Stielansätze entfernen, mit kochendem Wasser überbrühen, häuten, halbieren, entkernen und das Fruchtfleisch in feine Streifen schneiden.

Alle vorbereiteten Zutaten mischen. Die Salatcreme mit dem Joghurt, der Schlagsahne, Salz, Pfeffer, Ketchup, Sherry und Zucker verrühren. Dann die Sauce mit den Salatzutaten gut vermischen und durchziehen lassen.

Zubereitungszeit: ca. 30 Minuten (plus Zeit zum Durchziehen) – pro Portion ca. 580 kcal/2436 kJ

für 4 Portionen
250 g Tortellini, Salz
150 g Erbsen (TK)
200 g Ananas aus der Dose
200 g Champignons aus der Dose
150 g Mais aus der Dose
je 1/2 kleine rote und grüne Paprikaschote
1 Schalotte
2–3 El Kräuteressig
4 El Sonnenblumenöl
Pfeffer
1 El gemischte TK-Salatkräuter
Paprika und Petersilie zum Garnieren

Erbsen Tortellini-Salat

Die Tortellini in kochendes Salzwasser geben und nach Packungsanweisung bissfest garen. Dann abgießen, mit kaltem Wasser abschrecken und abtropfen lassen. Die TK-Erbsen nach Packungsanweisung kochen, ebenfalls abschrecken, abtropfen und erkalten lassen.

Die Ananas in kleine Stücke und die Champignons in Scheiben schneiden. Den Mais kalt abspülen und abtropfen lassen. Die Paprikaschoten putzen, entkernen, waschen, ein paar Streifen beiseitelegen, den Rest würfeln. Die Schalotte schälen und in feine Ringe schneiden.

Alle vorbereiteten Zutaten mischen. Den Essig mit dem Öl, Salz, Pfeffer und den Kräutern verrühren und über die Salatzutaten gießen. Alles gut vermischen und durchziehen lassen.

Den Salat anrichten und mit Paprikaspalten und Petersilie garnieren.

Zubereitungszeit: ca. 20 Minuten – pro Portion ca. 596 kcal/2490 kJ

für 4 Portionen
Salz
250 g Spargel
200 g Spinatnudeln
1 Bund Radieschen
1 Bund Schnittlauch
2 Frühlingszwiebeln
100 g geräucherte Putenbrust
1 El Zitronensaft
1 El Weißweinessig
2 El Schmand
Pfeffer

Spargel

Frühlingssalat mit Nudeln

3 l Salzwasser zum Kochen bringen. Den Spargel waschen, holzige Enden abschneiden, schälen, in 2 cm große Stücke schneiden und ca. 8 Minuten bissfest garen. Mit einem Schaumlöffel herausnehmen, unter kaltem Wasser abschrecken und abtropfen lassen.

Die Nudeln im Spargelwasser nach Packungsanweisung garen. In ein Sieb gießen, abschrecken, abtropfen und auskühlen lassen.

Die Radieschen putzen, waschen und in feine Scheiben schneiden. Den Schnittlauch waschen und in kleine Röllchen schneiden. Frühlingszwiebeln putzen, waschen und in feine Ringe schneiden. Putenaufschnitt in Streifen schneiden.

In einer Schüssel Zitronensaft, Essig und Schmand verrühren. Mit Salz und Pfeffer abschmecken. Alle Zutaten mit dem Dressing vermengen und servieren.

Zubereitungszeit: ca. 30 Minuten (plus Zeit zum Auskühlen) – pro Portion ca. 268 kcal/1124 kJ

für 4 Portionen
1 rote und 1 gelbe Paprikaschote
150 g Möhren
300 g Brokkoli
150 g Tagliatelle
10 El Olivenöl, Salz
200 g Tomaten
1 Bund glatte Petersilie
1/2 Bund Thymian
1 kleines Bund Zitronenmelisse
2 Zweige Pfefferminze
8 kleine Salbeiblätter
1/2 Bund Basilikum
3 El Zitronensaft
Pfeffer

Nudel-Gemüse-Salat

Die Paprikaschoten vierteln, entkernen, waschen und mit der Hautseite nach oben auf ein Backblech legen. Im Backofen auf der mittleren Einschubleiste etwa 7 Minuten grillen, bis die Haut schwarz wird und Blasen wirft. Die Schoten mit einem feuchten Küchentuch bedeckt abkühlen lassen. Anschließend häuten, quer in Streifen schneiden und beiseite stellen.

Die Möhren waschen, putzen, schälen und in sehr dünne Scheiben schneiden. Den Brokkoli waschen und in sehr kleine Röschen zerteilen. Die Bandnudeln mit 2 El Olivenöl in reichlich Salzwasser nach Packungsanweisung bissfest kochen. Möhren und Brokkoli in den letzten 4 Minuten mitkochen. Alles abgießen, abschrecken und im Sieb etwas abkühlen lassen. Zwischendurch die Nudeln auflockern, damit sie nicht zusammenkleben.

Die Tomaten waschen, Stielansätze entfernen, kreuzweise einritzen, überbrühen, häuten und entkernen. Das Tomatenfleisch fein würfeln. Die Kräuterblätter abzupfen und waschen. Petersilie, Thymian und Zitronenmelisse grob hacken, Minze und Salbei fein hacken. Die Basilikumblätter in Stücke zupfen.

Paprika und Tomaten im restlichen Öl erwärmen, mit Salz, Zitronensaft und Pfeffer würzen, mit allen Kräutern unter die Nudeln mischen und sofort servieren.

Zubereitungszeit: ca. 50 Minuten – pro Portion ca. 364 kcal/1521 kJ

für 4 Portionen

200 g Muschelnudeln
Salz
150 g Erbsen (TK)
1 El Öl
2 Eier
200 g Räucherlachs
150 g Vollmilchjoghurt
150 g Crème fraîche
1 Tl abgeriebene Schale einer unbehandelten Zitrone
3 El Zitronensaft
Pfeffer
Zucker
1/2 Bund Dill

Nudel-Lachs-Salat

Die Muschelnudeln in reichlich Salzwasser nach Packungsanweisung kochen und abkühlen lassen. Erbsen 2 Minuten vor Ende der Garzeit dazugeben, mitkochen, abgießen und mit Öl mischen. Die Eier 10 Minuten kochen, abschrecken, pellen und sechsteln. Den Lachs in breite Streifen schneiden, aufrollen.

Joghurt, Crème fraîche, Zitronenschale und -saft verrühren und mit Salz, Pfeffer und 1 Prise Zucker würzen. Die Nudeln mit Erbsen, Eiern, Lachs und der Sauce verrühren und kurz durchziehen lassen. Mit gehacktem Dill bestreut servieren.

Zubereitungszeit: ca. 30 Minuten – pro Portion ca. 490 kcal/2054 kJ

Die Pasta in einem großen Topf mit sprudelndem Salzwasser bissfest kochen. Abtropfen lassen, in eine große Schüssel geben und 1–2 El Mayonnaise unterziehen. Auf Zimmertemperatur abkühlen lassen und gelegentlich umrühren.

Den Estragon mit Petersilie, Cayennepfeffer und Zitronensaft in einer Schüssel mit der restlichen Mayonnaise gut verrühren. Radieschen putzen, waschen und in dünne Scheiben schneiden. Paprika putzen, waschen und in Julienne schneiden.

Die Meeresfrüchte mit den Radieschen und der Paprika an die Pasta geben und mit Salz und Pfeffer abschmecken. Die Estragonmayonnaise unterrühren. Abdecken und vor dem Servieren kühl stellen. Falls der Salat zu trocken ist, noch etwas Zitronensaft oder Mayonnaise unterrühren.

Zubereitungszeit: ca. 30 Minuten – pro Portion ca. 598 kcal/2512 kJ

Pastasalat mit Meeresfrüchten

für 4 Portionen

400 g mittelgroße Conchiglie
250 g Mayonnaise
3 El fein gehackter Estragon
1 El fein gehackte, glatte Petersilie
Cayennepfeffer
1 Tl frischer Zitronensaft
4 Radieschen
1 kleine rote Paprika
1 kg gekochte Schalentiere (z.B. Scampi, Hummer, Krebs), in mundgerechte Stücke zerteilt
Salz
Pfeffer

für 4 Portionen
250 g Gabelspaghetti
Salz
100 g Zuckerschoten
1 rote Paprika
1 Bund Frühlingszwiebeln
1/2 Bund Dill
1/2 Bund Basilikum
1 Bund glatte Petersilie
4 El Joghurt
4 El Sahne
1 El Meerrettich
Pfeffer

Dill

Grüner Pastasalat

Die Nudeln nach Packungsanweisung in reichlich Salzwasser bissfest garen.

Die Zuckerschoten waschen, die Enden abschneiden und die Schoten im kochenden Wasser kurz blanchieren. In ein Sieb gießen, unter kaltem Wasser abschrecken und abtropfen lassen.

Die Paprika putzen, waschen, halbieren, entkernen und klein schneiden. Die Frühlingszwiebeln putzen, waschen und in feine Ringe schneiden. Die Kräuter waschen, trocknen und fein hacken.

Die Nudeln abgießen und abtropfen lassen. Den Joghurt mit Sahne und Meerrettich verrühren. Mit Salz und Pfeffer abschmecken.

Das Dressing mit dem Gemüse vermischen. Die Nudeln unterheben und den Salat lauwarm servieren.

Zubereitungszeit: ca. 30 Minuten – pro Portion ca. 255 kcal/1071 kJ

für 6–8 Portionen

50 g getrocknete Steinpilze
350 ml Weißwein
150 g Zwiebeln
5 Knoblauchzehen
150 ml Olivenöl
1 große Dose geschälte Tomaten
8 El Zitronensaft
Salz, Pfeffer
500 g Hähnchenleber
300 g Spaghettini
2 Bund Basilikum
3 Bund glatte Petersilie
120 g Pecorino

Steinpilze

Nudelsalat mit Tomaten-Steinpilz-Sauce

Die Steinpilze so lange in 150 ml Wein kochen, bis die Flüssigkeit fast vollständig verdunstet ist. Abkühlen lassen, fein hacken. Die Zwiebeln schälen, fein würfeln, den Knoblauch schälen und durchpressen, beides in 3 El Olivenöl andünsten. Steinpilze, restlichen Wein, geschälte Tomaten mit Saft und Zitronensaft dazugeben. Bei milder Hitze zugedeckt so lange kochen lassen, bis die Tomaten zerfallen (ungefähr 30 Minuten). Erkalten lassen, 100 ml Olivenöl unterrühren, salzen und pfeffern.

Inzwischen alle Häute und Sehnen der Hähnchenleber entfernen. Die Leber in etwa 1 cm große Würfel schneiden und im restlichen Olivenöl bei starker Hitze portionsweise rundherum 2 Minuten scharf anbraten und direkt in die Tomatensauce geben. Über Nacht kalt stellen.

Am nächsten Tag Nudeln nach Packungsanweisung in reichlich Salzwasser bissfest garen, abtropfen lassen, noch heiß mit der eiskalten Tomatensauce mischen und nach Belieben mit Salz und Pfeffer nachwürzen. Den Salat bis zum Servieren an einem nicht zu kühlen Ort gut durchziehen lassen.

Einige Basilikumblätter beiseitelegen, restliches Basilikum und Petersilie fein schneiden und unter den Salat mischen. Mit Basilikum garnieren, mit frisch geriebenem Pecorino servieren.

Zubereitungszeit: ca. 90 Minuten (plus Zeit zum Abkühlen und Ziehen) – pro Portion ca. 507 kcal/2123 kJ

für 4 Portionen
200 g Bandnudeln
1 Tl Öl
Salz
200 g geräucherte Putenbrust
1 Dose Spargelstücke
100 g Joghurt-Salatcreme
Pfeffer
Paprikapulver
1 Bund Zitronenmelisse

Nudel-Spargel-Salat

Die Nudeln in Stücke brechen, zusammen mit dem Öl in kochendes Salzwasser geben und nach Packungsanweisung bissfest garen. Anschließend abgießen, mit kaltem Wasser abschrecken und abtropfen lassen.

Die Putenbrust in Streifen schneiden. Den Spargel abgießen, dabei das Spargelwasser auffangen, und abtropfen lassen.

Die Salatcreme mit etwas Spargelwasser verrühren und mit Salz, Pfeffer und Paprikapulver würzen. Die Salatzutaten in die Sauce geben, gut vermischen und durchziehen lassen.

Den Salat anrichten. Die Zitronenmelisse waschen, die Blättchen von den Stängeln zupfen und über den Salat streuen.

Zubereitungszeit: ca. 15 Minuten – pro Portion ca. 307 kcal/1280 kJ

für 4 Portionen
300 g Riesengarnelen
2 Knoblauchzehen
4 El Orangensaft
4 El Olivenöl
Salz
350 g grüne Spaghetti
1/2 Bund Zitronenmelisse
4 El Crème fraîche
2 El Zitronensaft
Pfeffer
4 Schnitze einer unbehandelten Zitrone zum Garnieren

Grüner Nudelsalat mit Riesengarnelen

Die Riesengarnelen von ihren Schalen befreien, am Rücken entlang einschneiden und den schwarzen Darm entfernen. Anschließend gut abspülen und trocknen. Den Knoblauch schälen und durch die Presse drücken.

Orangensaft mit Olivenöl und einer Messerspitze Salz verrühren und die Garnelen darin etwa 1 Stunde marinieren. In einem großen Topf Salzwasser aufkochen und die Nudeln darin bissfest garen. Danach in ein Sieb gießen und mit kaltem Wasser abschrecken. Gut abtropfen lassen.

Die Zitronenmelisse waschen, trocknen und einige Blätter zum Garnieren beiseitelegen. Die restlichen Blätter in feine Streifen schneiden. Crème fraîche mit dem Zitronensaft mischen und mit Salz und Pfeffer würzen. Die Zitronenmelissestreifen unterheben.

Die Garnelen abtropfen lassen, unter den Grill legen und maximal 2 Minuten von jeder Seiten grillen. In einer großen Salatschüssel die Nudeln mit der Salatsauce mischen. Die Garnelen dazugeben. Mit einigen Blättchen Zitronenmelisse und Zitronenachteln garniert servieren.

Zubereitungszeit: ca. 30 Minuten (plus Zeit zum Marinieren) – pro Portion ca. 393 kcal/1649 kJ

für 4 Portionen
350 g Bandnudeln
Salz
300 g Möhren
40 g Butter
300 g Erbsen (TK)
6 El Gemüsefond
Pfeffer
1–2 El Zitronensaft
3 El Obstessig
4 El Olivenöl
1/2 Bund Petersilie
200 g Gorgonzola

Erbsen

Bunter Pastasalat

Die Nudeln nach Packungsanweisung in ausreichend kochendem Salzwasser bissfest garen.

Die Möhren waschen, schälen, längs in dünne Streifen und dann in etwa 2 cm große Rauten schneiden. Die Butter in einer großen Pfanne erhitzen und die Möhren darin bei milder Hitze 3 Minuten andünsten. Die Erbsen dazugeben und mit dem Gemüsefond ablöschen. Zugedeckt 5 Minuten kochen lassen. Mit Salz, Pfeffer und Zitronensaft abschmecken.

Die Nudeln abgießen, abschrecken und abkühlen lassen. Für das Salatdressing den Essig mit Salz und Pfeffer mischen. Das Olivenöl unter Rühren dazugeben. Die Petersilie waschen, trocknen und klein hacken, ebenfalls unter die Salatsauce rühren. Die Nudeln mit dem Gemüse und dem Dressing mischen.

Den Gorgonzola in Stücke brechen. Den Salat mit Gorgonzola bestreut servieren.

Zubereitungszeit: ca. 20 Minuten (plus Zeit zum Auskühlen) – pro Portion ca. 643 kcal/2699 kJ

für 4 Portionen
500 g Cocktailtomaten
100 g Pinienkerne
300 g Zucchini
Salz
100 g schwarze Oliven
6 Knoblauchzehen
4 El Öl
200 g milder Schafskäse
1 Bund Basilikum
1 rote Chili
4 El Olivenöl
3 El Rotweinessig
250 g grüne Tagliatelle

Tomaten

Nudelsalat mit Cocktailtomaten

Die Tomaten waschen, die Stielansätze herausschneiden, das Fruchtfleisch vierteln. Die Pinienkerne in einer Pfanne ohne Fett unter Wenden goldbraun rösten. Die Zucchini putzen und längs in 0,5 cm dicke Scheiben schneiden. Die Scheiben schräg in Streifen schneiden, salzen.

Die Oliven vom Stein schneiden. Den Knoblauch pellen, erst in Scheiben, dann in Stifte schneiden und im heißen Öl goldbraun braten. Herausnehmen und auf Küchenpapier abtropfen lassen. Die Zucchini trockentupfen und im Knoblauchöl 2–3 Minuten dünsten, gelegentlich umrühren, im Sieb abtropfen lassen, dabei das Öl auffangen.

Den Schafskäse grob raspeln. Basilikum waschen, trocknen, Blätter von den Stielen zupfen, ein paar ganze Blätter beiseite legen, die übrigen in Streifen schneiden. Chili der Länge nach halbieren, entkernen, waschen und sehr fein würfeln. Aus Knoblauchöl, Olivenöl, Essig, Salz und Chili eine Salatsauce rühren.

Die Nudeln nach Belieben in 5–6 cm lange Stücke brechen und in reichlich Salzwasser nach Packungsanweisung bissfest kochen. Abtropfen lassen. Die Nudeln und alle übrigen Zutaten mit der Salatsauce mischen, mit Basilikumblättern garnieren.

Zubereitungszeit: ca. 1 Stunde – pro Portion ca. 539 kcal/2257 kJ

für 4 Portionen
250 g Spaghetti
Salz
100 g Kirschtomaten
1 gelbe Paprikaschote
150 g Emmentaler
4 Stangen Staudensellerie
100 g italienische Kräuter (TK)
125 ml Olivenöl
4 El Apfelessig
Pfeffer
Paprikapulver

Nudelsalat

Frischer Nudelsalat

Die Nudeln nach Packungsanweisung in leicht gesalzenem Wasser bissfest garen.

Die Tomaten waschen, halbieren und in schmale Spalten schneiden. Die Paprika waschen, längs halbieren, entkernen und in Streifen schneiden. Den Käse ebenfalls in Streifen schneiden.

Nach Ende der Kochzeit die Nudeln in einem Sieb abgießen und abschrecken. Anschließend gut abtropfen und abkühlen lassen. Die Selleriestangen putzen, waschen und in Stücke schneiden.

Die Nudeln mit dem Gemüse in eine Schüssel geben und vermengen. Die aufgetauten Kräuter mit dem Öl und dem Obstessig verrühren. Mit Salz, Pfeffer und Paprika kräftig abschmecken.

Die Sauce über die Salatzutaten geben, alles vermengen und ca. 10 Minuten durchziehen lassen. Den Salat auf Tellern anrichten und servieren.

Zubereitungszeit: ca. 35 Minuten – pro Portion ca. 631 kcal/2651 kJ

für 4 Portionen
2 El Mandelblättchen
500 g Brokkoli
3 Petersilienstängel
250 ml trockener Weißwein
Salz
3 Scheiben von 1 unbehandelten Zitrone
300 g Lachsfilet
300 g Rigatoni
100 g Butter
2 g Safranpulver
Pfeffer

Mandeln

Salat mit Lachs und Rigatoni

Die Mandelblättchen in einer Pfanne unter häufigem Rühren ohne Fett anrösten, herausnehmen und zur Seite stellen. Den Brokkoli waschen, in Röschen zerteilen, die Stiele schälen und in kleine Stücke schneiden. Petersilie waschen und mit dem Wein, 125 ml Wasser, 1 Tl Salz und Zitronenscheiben aufkochen. Gleichzeitig für die Nudeln 3 l kräftig gesalzenes Wasser zum Kochen bringen. Das Lachsfilet waschen, in den Weinsud geben und zugedeckt bei milder Hitze ca. 7 Minuten gar ziehen lassen.

Die Nudeln im Salzwasser bissfest kochen. Nach ca. 4 Minuten Garzeit die Brokkolistiele und nach weiteren 2 Minuten die Röschen zu den Nudeln geben und mitgaren. Die Nudel-Brokkoli-Mischung in ein Sieb gießen, abschrecken und abtropfen lassen.

Den Lachs aus dem Sud heben und in größere Stücke zerteilen. Den Sud durch ein Sieb gießen und auffangen. Die Butter aufschäumen und mit der Schaumkelle die weiße Molke abschöpfen. Den Fischsud angießen, das Safranpulver unter Rühren darin auflösen und die Sauce bei starker Hitze um etwa ein Drittel einkochen lassen. Vom Herd nehmen und etwas abkühlen lassen.

Über die Nudel-Brokkoli-Mischung geben und so lange vermengen, bis die Nudeln gelb gefärbt sind. Die Lachsstücke unterheben und mit Salz und Pfeffer abschmecken. Den Salat mit Mandelblättchen bestreut lauwarm servieren.

Zubereitungszeit: ca. 35 Minuten – pro Portion ca. 605 kcal/2541 kJ

Rezeptverzeichnis